Logisch! neu

D1918918

Deutsch für Jugendliche
Arbeitsbuch A1

von
Cordula Schurig
Sarah Fleer
Stefanie Dengler
Alicia Padrós

Ernst Klett Sprachen
Stuttgart

Von
Cordula Schurig, Sarah Fleer, Stefanie Dengler und Alicia Padrós in Zusammenarbeit mit Daniela Becht
Trainingskapitel von Cordula Schurig

Redaktion:
Sabine Franke und Angela Kilimann

Koordination:
Sabine Wenkums

Gestaltungskonzept und Layout:
Andrea Pfeifer

Umschlaggestaltung:
Andrea Pfeifer; Cover-Foto: ehrenberg-bilder – Fotolia.com

Zeichnungen:
Anette Kannenberg und Daniela Kohl

Satz und Litho:
Britta Petermeyer, SNOW, München

Verlag und Autoren danken Ulrike Mühling, Boris Dornstädter, Silvana Weber und ihren Schülerinnen und Schülern vom Max-Planck-Gymnasium München Pasing für ihr Engagement und ihre Mitwirkung bei den Fotoaufnahmen.

Logisch! neu – A1 – Materialien	
Kursbuch A1 mit Audios zum Download	605201
Arbeitsbuch A1 mit Audios zum Download	605202
Lehrerhandbuch A1 mit Video-DVD	605207
Intensivtrainer A1	605208
Testheft A1 mit Audio-CD	605209
Logisch! neu digital A1 mit interaktiven Tafelbildern	605210

Logisch! neu – A1 in Teilbänden	
Kursbuch A1.1 mit Audios zum Download	605203
Arbeitsbuch A1.1 mit Audios zum Download	605204
Kursbuch A1.2 mit Audios zum Download	605205
Arbeitsbuch A1.2 mit Audios zum Download	605206

Audios zum Arbeitsbuch:
Aufnahme und Schnitt: Heinz Graf / Christoph Tampe
Regie: Heinz Graf und Angela Kilimann / Sabine Wenkums
Produktion: Tonstudio Graf, 82178 Puchheim / Plan 1, München
Sprecherinnen und Sprecher: Ulrike Arnold, Vincent Buccarello, Marco Diewald, Sarah Diewald, Clara Gerlach, Emily Gill, Jakob Gutbrod, Jana Kilimann, Maxim Kursakov, Barbara Kretzschmar, Crock Krumbiegel, Detlef Kügow-Klenz, Sebastian Mann, Lars Mannich, Charlotte Mörtl, Sebastian Müller, Maren Rainer, Lorena Rauter, Jakob Riedl, Leon Romano-Brandt, Pia Schröder, Peter Veit, Florian Vogt, Julia Wall, Sabine Wenkums
Audio-Dateien zum Download unter www.klett-sprachen.de/logisch-neu/audiosA1
Audios Arbeitsbuch A1, Kapitel 1–8: Code: logNeu1o&C5
Audios Arbeitsbuch A1, Kapitel 9–16: Code: logNeu1p&C5

Besuchen Sie uns auch im Internet:
www.klett-sprachen.de/logisch-neu

1. Auflage 1 $^{5\ 4\ 3}$ | 2021 20 19

Druck und Bindung: Elanders GmbH, Waiblingen

ISBN 978-3-12-605202-3
9 783126 052023

Logisch! neu A1 – Inhalt

1 Hallo! Ich heiße ...

1 Hallo! Guten Tag.

Schreib die Sätze richtig. Schreib die Sätze auch in deiner Sprache. Was schreibst du groß?

deine Sprache:

1. hallo!ichbinanna.
   Hallo! Ich bin ______ | ______
2. ichheißemartin.
   ______ | ______
3. wieheißtdu?
   ______ | ______
4. gutentag,herrschulze.
   ______ | ______
5. meinnameistinahuber.
   ______ | ______
6. herzlichwillkommen!
   ______ | ______

2 Vornamen

Hör die Namen. Schreib die Namen richtig.

1.1

1. Anna 2. _aura 3. _na

4. _onas 5. Fin_ 6. Mar_in

3 Ich heiße Anna. Wie heißt du?

a Ergänze: *ich, du, er* und *sie*.

1. ich

2. ______

3. ______

4. ______

b *Heiße* oder *heißt*?

1. ● Wie heißt du?
2. ○ Ich ______ Anna. Und du? Wie ______ du?
3. ● Ich ______ Laura. Und er ______ Martin.

4 Wie ist dein Name?

Vorname oder Familienname? Ordne zu.

Vorname	Familienname
Jonas,	

~~Jonas~~ • Anna • Huber • Ina • Schulze • Laura • Finn • Martin • Löscher

5 Ich bin Finn. Wer bist du?

a Ergänze.

1. Das ist Jonas.
Er ist mein Freund.

2. Das ist ______.
______ ist meine Freundin.

3. Das ist ______.
______ ist mein Freund.

4. Das ist ______.
______ ist meine Freundin.

b *Bin*, *bist* oder *ist*?

1. ● Hallo! Ich bin Anna. Wer ______ du? ○ Ich ______ Finn.
2. ● Wie heißt du? ○ Ich ______ Laura. Und das ______ Hanna. Sie ______ meine Freundin.
3. ● Wie ______ dein Name, bitte? ○ Ich heiße Jonas.
4. ● Wie ______ dein Familienname? ○ Löscher.
5. ● Wer ______ du? ○ Ich ______ Finn. Und das ______ Jonas. Er ______ mein Freund.

6 Gespräche in der Klasse

1.2 **Hör und ordne die Gespräche. Schreib die Gespräche dann richtig in dein Heft.**

Gespräch 1

- [ ] Entschuldigung, wie heißt er?
- [1] Hallo! Ich heiße Laura. Wer bist du?
- [ ] Er heißt Jonas.
- [ ] Ich bin Finn und das ist Jonas. Er ist mein Freund.

Gespräch 2

- [ ] Ich heiße Jonas.
- [ ] Und wie ist dein Familienname?
- [1] Wie ist dein Name, bitte?
- [ ] Löscher.

7 Wie bitte?

Fragen und Antworten: Zwei Antworten sind richtig. Kreuze an.

1. Wer ist denn das?
   - A Ich heiße Martin.
   - ☒ B Das ist mein Hund Plato.
   - C Das ist mein Freund Jonas.

2. Wie bitte? Wie heißt er?
   - A Er heißt Martin.
   - B Sie heißt Hanna.
   - C Er heißt Finn.

3. Wie buchstabiert man das?
   - A P-L-A-T-O.
   - B H-A-N-N-A.
   - C Entschuldigung.

8 Das Alphabet

1.3 Welcher Buchstabe fehlt? Schreib und sprich laut. Hör zur Kontrolle.

1. W er bist du?
2. Entschuldigun__!
3. Si__ hei__t Anna un__ ist me__ne Freundin.
4. G__ten Tag! Mein N__me i__t Ina Hu__er.
5. Her__lich willkom__en!

„Wer" – das „W" fehlt!

„Entschuldigung" – das „g" fehlt!

9 Der ABC-Rap

a Die Buchstaben sind durcheinander. Schreib die Wörter richtig.

EMAN	DUHN	NEURFD	DIENTGUNGSCHUL	STACHBIEBUREN

1. Name 2. ______ 3. ______ 4. ______ 5. ______

1.4 **b Hör zur Kontrolle.**

10 Namen in der Klasse

Ordne die Namen nach dem Alphabet.

Sarah • Matthias • Charlotte • Uwe • Jonas • ~~Maria~~ • Anton • Michael • ~~Alex~~ • Christoph • Uta • Julia

1. Alex	5. ______	9. ______
2. ______	6. ______	10. ______
3. ______	7. Maria	11. ______
4. ______	8. ______	12. ______

11 Die Zahlen von 0 bis 20

a Schreib die fehlenden Zahlen. Der Kasten hilft.

vierzehn • zwölf • zwei • siebzehn • zehn • elf • sechs • acht • achtzehn • drei • zwanzig • null • fünf

0 ______	6 ______	11 ______	16 sechzehn
1 eins	7 sieben	12 ______	17 ______
2 ______	8 ______	13 dreizehn	18 ______
3 ______	9 neun	14 ______	19 neunzehn
4 vier	10 ______	15 fünfzehn	20 ______
5 ______			

b **Rechne wie im Beispiel und schreib das richtige Ergebnis. Hör zur Kontrolle.**

1.5

1. zwei + fünf = 2 + 5 = 7
2. acht – sieben = 8 – 7 = 1
3. dreizehn – neun = ______
4. zwanzig : zwei = ______
5. null · zehn = ______
6. fünfzehn : drei = ______

12 Fünf ruft Drei

Wie heißt der Buchstabe? Zähl die Buchstaben im Wort und ergänze. Sprich laut.

1. DEUTSCHLEHRERIN

Buchstabe Nummer sechs ist ein C.

Buchstabe Nummer zehn ist ein ______.

2. FAMILIENNAME

Buchstabe Nummer fünf ist ein ______.

Buchstabe Nummer elf ist ein ______.

13 Projekt: Zahlen in der Schule

Hör die Zahlen und verbinde: *sechs* mit *drei*, *drei* mit … Was siehst du?

1.6

1	2	3	4	5
6	7	8	9	10
11	12	13	14	15
16	17	18	19	20

1	2	3	4	5
6	7	8	9	10
11	12	13	14	15
16	17	18	19	20

1	2	3	4	5
6	7	8	9	10
11	12	13	14	15
16	17	18	19	20

14 Wie ist deine Telefonnummer?

Hör zu und notiere die Telefonnummern.

1.7

1. ______ 2. ______ 3. ______

15 Wie alt bist du?

a **Fragen und Antworten: Ordne zu.**

1. D Wie heißt du?
2. __ Wer bist du?
3. __ Wie alt bist du?
4. __ Wie ist dein Familienname?
5. __ Wie ist deine Telefonnummer?

A Ich bin Pia.
B Löscher.
C 0160 29 83 89 79.
D Ich heiße Paul.
E Ich bin 13 Jahre alt.

b **Mal dich und schreib deine Daten in den Steckbrief.**

Vorname: ______

Familienname: ______

Alter: ______ Jahre

Telefonnummer: ______

Das bin ich:

16 Tag für Tag

1.8 **a Begrüßung oder Verabschiedung? Hör die Gespräche. Eine Sprechblase ist falsch. Streich sie durch und schreib richtig unter das Bild. Hör ein zweites Mal zur Kontrolle.**

1.

Guten Morgen, Papa!

2.

3.

4.

b Begrüßung oder Verabschiedung? Ordne zu.

Guten Tag! • Tschüs! • Hallo! • Gute Nacht! • ~~Guten Morgen!~~ • Auf Wiedersehen! • Guten Abend!

Guten Morgen!

1.

2.

Wörter – Wörter – Wörter

17 Buchstaben und Zahlen

1.9 **Hör die Zahlen und Buchstaben und verbinde. Was siehst du?**

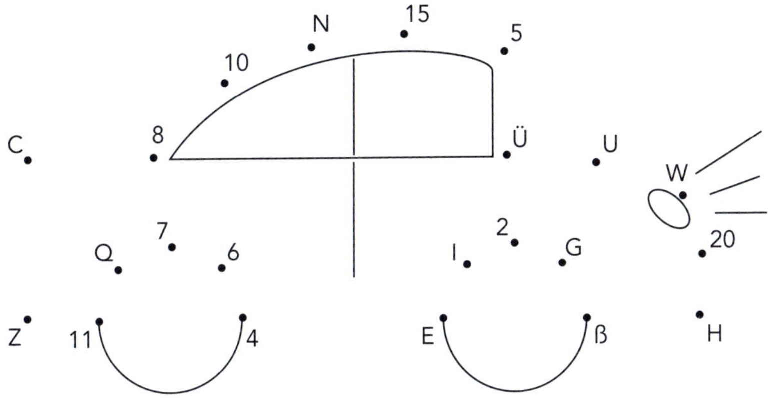

18 Fragen

Wie **oder** ***Wer*****? Ergänze. Schreib die Fragen auch in deiner Sprache.**

deine Sprache:

1. ● _Wie_ heißt du? ○ Michaela. ______________?
2. ● ______ ist denn das? ○ Das ist Plato, mein Hund. ______________?
3. ● ______ alt bist du? ○ 14 Jahre. ______________?
4. ● ______ ist dein Vorname? ○ Jan. ______________?
5. ● ______ bist du? ○ Maria. ______________?
6. ● ______ ist deine Telefonnummer? ○ 0160/6152393. ______________?

19 Wörterschlange

Hier sind sieben Wörter versteckt. Unterstreiche und schreib die Wörter.

kömtaghuasgfreundteihdtelefonnummerwhentschuldigungodundtwrhplnameswynacht

Tag ______ ______ ______

______ ______ ______

20 Das ist falsch!

Schreib die Wörter richtig.

1. ~~Hunt~~ ______
2. ~~Enschuldigung~~ ______
3. ~~Telefoon~~ ______
4. ~~fier~~ ______

21 Meine Wörter

Welche Wörter sind für dich wichtig? Schreib fünf Wörter auf.

____

2 Lernst du Deutsch?

1 Meine Schulsachen. Wie sagt man das auf Deutsch?

Hier sind neun Sachen versteckt. Schreib die Wörter neben *der, das* oder *die*.

A	X	V	B	I	T	H	F	Z	D	K	T
S	C	H	U	L	T	A	S	C	H	E	Ü
M	D	U	C	E	I	N	P	O	Ä	Y	Q
W	E	R	H	B	T	D	Z	M	U	I	O
D	F	G	H	R	J	Y	K	P	L	Ö	P
S	R	A	D	I	E	R	G	U	M	M	I
A	Q	W	B	L	E	I	S	T	I	F	T
E	R	T	T	L	Z	U	I	E	I	O	P
H	G	F	H	E	F	T	D	R	S	A	Ö

der ______________________

der ______________________

der ______________________

das ______________________

das ______________________

das ______________________

die *Schultasche*

die ______________________

die ______________________

2 Von wem sind die Sachen?

Von …? Hör zur Kontrolle und schreib wie im Beispiel.

1.10

1. 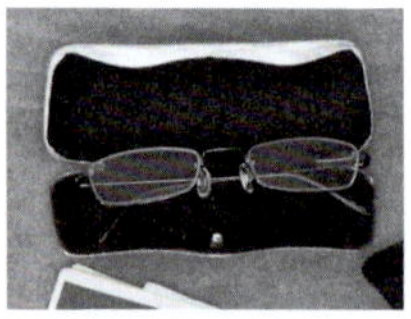

Frau Müller oder Paul?

Die Brille ist von Frau Müller.

4. 

Pia oder Paul?

____

____

2. 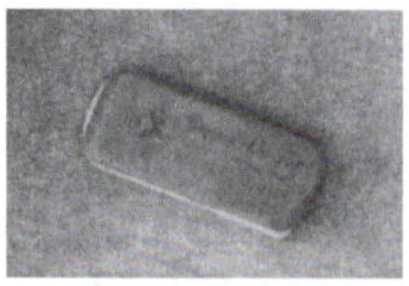

Frau Müller oder Paul?

____

____

5. 

Paul oder Pia?

____

____

3. 

Frau Müller oder Pia?

____

____

3 Typisch deutsch: *der, das, die*

a Mal alle Sachen in der richtigen Farbe an: der = blau, das = grün, die = rot.

b **Mach zehn Minuten oder länger Pause. Deck 3a zu. Welche Farbe hat *Handy*? Schreib den richtigen Artikel.**

1. _das_ Handy
2. _____ CD
3. _____ Computer
4. _____ Radiergummi
5. _____ Buch
6. _____ Brille

4 Wörter im Plural

1.11

a **Hör die Wörter. Markiere alle Wörter im Plural.**

1. Hefte – Schultasche – Handys
2. Bücher – Radiergummi – Hunde
3. Lehrerin – Brillen – Freundinnen
4. Freunde – Name – Bleistifte

b **Ergänze den Singular oder den Plural.**

1. das Heft – _die Hefte_
2. die Brille – __________
3. __________ – die Radiergummis
4. der Computer – __________
5. der Hund – __________
6. __________ – die Freunde
7. der Schüler – __________
8. __________ – die Schultaschen
9. der Bleistift – __________
10. __________ – die Handys
11. das Buch – __________
12. die Lehrerin – __________
13. __________ – die Freundinnen
14. __________ – die CDs

5 Das Buch – die Bücher! Die Bleistifte – der …

a **Schreib sieben Wörter aus 4b mit *der*, *die* oder *das* und Plural auf Kärtchen. Wie heißt das Wort in deiner Sprache? Schreib es auf die Rückseite.**

b **Misch die Kärtchen. Deine Sprache liegt oben. Wie heißt das Wort auf Deutsch? Vergiss nicht *der*, *die* oder *das* und Plural.**

6 Nadja und Robbie

Fragen und Antworten: Zwei Antworten passen. Kreuze an.

1. Kennst du meine Band schon?
   - [X] A Ja, klar!
   - [ ] B Robbies Band.
   - [X] C Nein, kenne ich nicht.
2. Lernst du Englisch?
   - [ ] A Nein, ich lerne Deutsch.
   - [ ] B Mathe und Sport.
   - [ ] C Ja.
3. Magst du Musik?
   - [ ] A Ja.
   - [ ] B Nein. Ich mag Sport.
   - [ ] C Robbie mag auch Musik.
4. Wie alt bist du?
   - [ ] A Nein, 13.
   - [ ] B Fünfzehn.
   - [ ] C Ich bin dreizehn Jahre alt.
5. Hast du ein Handy?
   - [ ] A Nein.
   - [ ] B 0167/7653982.
   - [ ] C Na klar.
6. Wie ist deine Telefonnummer?
   - [ ] A 27 39 48.
   - [ ] B Ich habe ein Handy.
   - [ ] C Ich weiß nicht.

7 Lernst du Deutsch?

1.12

Wo hörst du eine Ja-/Nein-Frage? Kreuze an.

1. ☐ 2. ☐ 3. ☐ 4. ☐ 5. ☐ 6. ☐

8 Viele Fragen

a Mach ein Fragezeichen (?) bei einer Frage und einen Punkt (.) bei einem Satz.

1. Meine Schultasche ist schwer _._
2. Hast du ein Handy __
3. Magst du Musik __
4. Meine Telefonnummer ist 089/7453811 __
5. Ich kenne Robbie Williams __
6. Kennst du meine Band schon __
7. Sie mag Musik __
8. Ist deine Schultasche schwer __
9. Wie ist deine Telefonnummer __
10. Er lernt Deutsch __

b Schreib die Fragen richtig. Antworte dann.

1. Musik / magst / du / ? *Magst du Musik?* *Ja.*
2. Englisch / du / lernst / ? ____________ ______
3. du / hast / ein Handy / ? ____________ ______
4. du / kennst / die Band / „Silbermond" / ? ____________ ______
5. deine Schultasche / schwer / ist / ? ____________ ______
6. 13 / bist / Jahre / du / alt / ? ____________ ______
7. Maria / dein Vorname / ist / ? ____________ ______
8. du / Plato / magst / ? ____________ ______

9 Ist das dein Freund?

1.13

a Drei Gespräche: Was passt wo? Ergänze. Hör dann zur Kontrolle.

Wie heißt er denn? • Ja! Coole Musik, was? • Meine Freundin? Quatsch!

1.

- Ist das deine Band?
- ______________________
- Hmhm. Die ist okay.

2.

- Ist das dein Hund?
- Na klar. Das ist mein Hund.
- ______________________
- Plato.

3.

- Ist das deine Freundin?
- ______________________
  Das ist Pia.
- Ach so.

b *Ist* oder *sind*?

1. ● Sind das deine Schuhe?
   ○ Ja, das ______ meine Schuhe.
2. ▶ Was ______ das?
   ▷ Das ______ meine Katze.
3. ■ Wie alt ______ Katja?
   □ Sie ______ 10.
4. ● ______ das deine Bleistifte?
   ○ Nein. Das ______ die Bleistifte von Pia.

10 *Mein* und *dein*, *meine* und *deine*

Markiere die Nomen: der = blau, das = grün, die = rot, Plural = gelb.
Ergänze dann *dein* oder *deine* und *mein* oder *meine*.

1. ● Paul, ist das dein Computer? / ______ Freundin? / ______ Katze? / ______ Deutschlehrerin?
   ○ Ja, das ist mein Computer. / ______ Freundin. / ______ Katze. / ______ Deutschlehrerin.
2. ▶ Pia, ist das ______ Schultasche? / ______ Handy? / ______ CD? / ______ Freund?
   ▷ Ja, das ist ______ Schultasche. / ______ Handy. / ______ CD.
   ▷ Ähm, nein. Das ist Paul.
3. ■ Nadja, sind das ______ Schuhe? / ______ Stifte? / ______ Bücher? / ______ Hefte?
   □ Ja, das sind ______ Schuhe. / ______ Stifte. / ______ Bücher. / ______ Hefte.

11 Der Zahlen-Rap. Wie heißen die Zahlen von 0 bis 20?

Rechne. Ist das Ergebnis richtig? Wenn nicht, korrigiere.

1. fünfzehn + zwei = ~~sechzehn~~ _17_
2. zwölf – fünf = acht ___
3. acht + elf = neunzehn ___
4. sechs + neun = vierzehn ___
5. sechszehn – drei = zwölf ___
6. vier + zehn = dreizehn ___

12 Die Zahlen von 20 bis 100

1.14

a Hör die Zahlen und verbinde. Was siehst du?

b Wie geht die Reihe weiter? Sprich laut und ergänze.

1. 2 – 4 – 6 – 8 – 10 – _12_ – ___
2. 20 – 30 – 40 – 50 – ___ – ___
3. 49 – 42 – 35 – 28 – ___ – ___
4. 8 – 16 – 24 – 32 – ___ – ___
5. 15 – 25 – 35 – 45 – ___ – ___
6. 81 – 72 – 63 – 54 – ___ – ___

13 Meine Klasse

Ergänze. Die Wörter im Kasten helfen.

habe • ~~gehe~~ • habe • lerne • gehe

1. Ich _gehe_ in die Klasse 8c.
2. Ich ___________ in die Hegelschule.
3. Ich ___________ 3 Lehrer und 7 Lehrerinnen.
4. Ich ___________ 25 Stunden Unterricht pro Woche.
5. Ich ___________ Deutsch und Englisch.

14 Projekt: Fantasie-Person

Schreib fünf bis sieben Sätze in dein Heft. Die Satzteile in den Kästen helfen.

Ich

bin • habe • lerne • kenne • mag

die Zahlen von 1 bis 100. • in die Klasse 7a. • 20 Stunden Unterricht pro Tag. • 13 Jahre alt. • Robbie Williams. • zwei Katzen und drei Hunde.

Ich bin 13 Jahre alt.

Wörter – Wörter – Wörter

15 In der Schule

a **Was ist das? Schreib das richtige Wort.**

1.	die	S	C	H	U	L	T	A	S	C	H	E
2.	der											
3.	das											
4.	der											
5.	die											
6.	der											
7.	das											
8.	die											
9.	das											
10.	der											
11.	die											

b **Schreib alle markierten Buchstaben auf. Wie heißt das Lösungswort?**

____

16 Lange Wörter

Kennst du die Wörter? Wie heißt das in deiner Sprache?

		Deutsch:	deine Sprache:
1. die Schule	+ die Tasche	die *Schultasche*	________
2. das Telefon	+ die Nummer	die ________	________
3. der Sport	+ die Schuhe	die ________	________
4. Deutsch	+ die Lehrerin	die ________	________

17 Zwei Wörter – zwei Sätze

Zwei Wörter passen. Schreib die Wörter.

1. *Magst* / *Hast* du Hunde? — Magst / ~~Lernst~~ / Hast
2. Lernst du ________ / ________? — Englisch / Katzen / Deutsch
3. Ich ________ / ________ Plato. — gehe / kenne / bin
4. Du gehst in ________ / ________. — die Klasse 7b / die Schule / die Lehrer

18 Meine Wörter

Welche Wörter sind für dich wichtig? Schreib fünf Wörter auf.

____

3 Ich komme aus ...

1 Länder und Kontinente

1.15

a Welche Länder und Kontinente hörst du? Schreib in die Tabelle.

Länder	Kontinente
Japan	

b Wie heißt das Land? Schreib das Land auf Deutsch und in deiner Sprache. Ergänze *die*, wenn nötig. Welches Land liegt nicht in Europa? Markiere.

	Deutsch:	deine Sprache:
1. INNFANDL	*Finnland*	________
2. PANAJ	________	________
3. EITRÜK	________	________
4. LAGTUPOR	________	________
5. RAIUKNE	________	________
6 ANIENSP	________	________
7. LENOP	________	________
8. LIEITAN	________	________
9. WEISCHZ	________	________
10. LUGABINRE	________	________

2 Woher?

Aus Deutschland, aus Österreich, aus der Schweiz? Ergänze.

1. Der Hund kommt

aus der Schweiz.

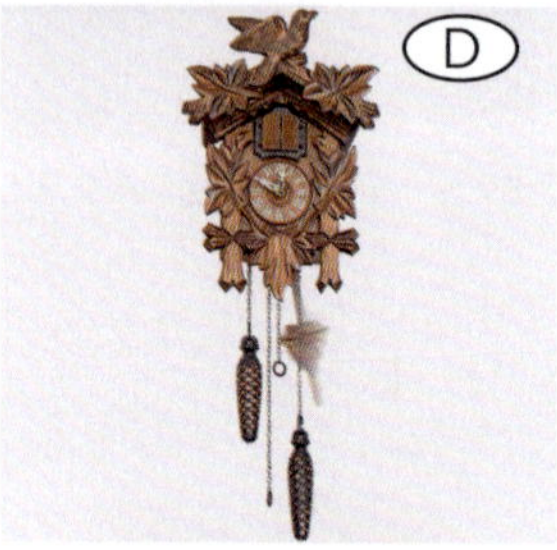

2. Die Uhr kommt

____

____

____________.

3. Die Schokolade

kommt ____________

____

____________.

4. Die CDs kommen

____

____

____________.

5. Die Schuhe kommen

____

____

____________.

6. Das Auto kommt

____

____

____________.

3 Woher kommt …? Woher kommen …?

a *Kommt* oder *kommen*, *aus* oder *aus der/den*? Ergänze.

1. Das Handy kommt aus Japan.
2. Die Uhr ____________ Schweiz.
3. Der Computer ____________ USA.
4. Die Schuhe ____________ Türkei.
5. Die Bücher ____________ Deutschland.
6. Die Brille ____________ Italien.

b Und deine Sachen? Woher kommen sie?

1. Meine Schultasche kommt aus ____________.
2. Mein Handy ____________.
3. Meine Sportschuhe ____________.
4. Mein Deutschbuch ____________.

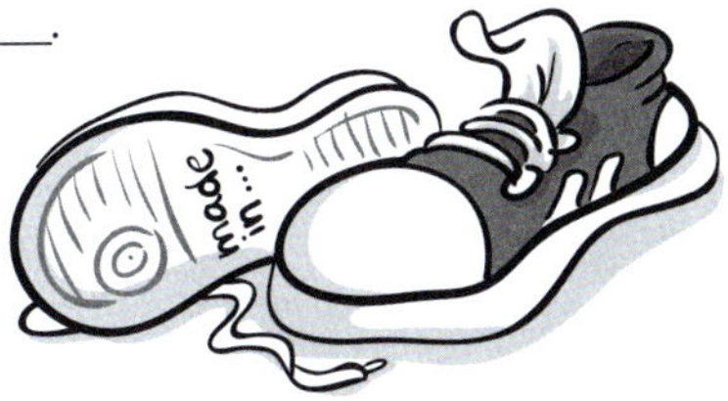

4 Woher kommst du?

Wie kommt Plato zu Pia? Die richtigen Verbformen helfen.

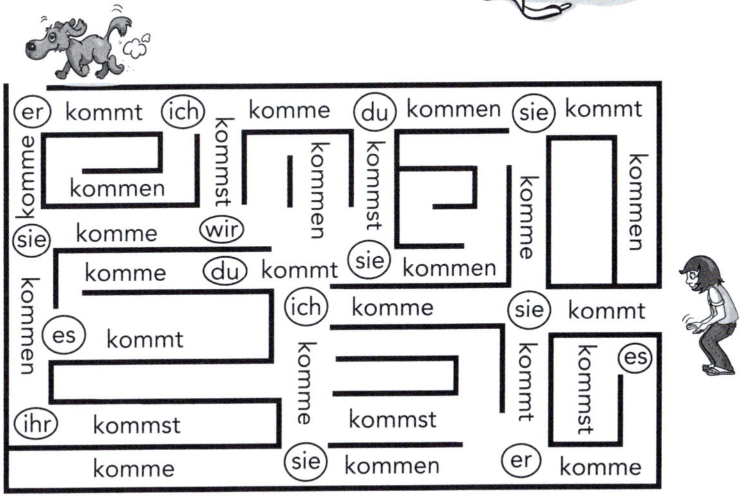

5 Projekt: Quiz „Woher kommt …?"

Dein Star. Such ein Foto und beantworte die Quizfragen.

Mein Star

Wer ist das? ____________

Was arbeitet er/sie? ____________

Woher kommt er/sie? ____________

Wo wohnt er/sie? ____________

Wie alt ist er/sie? ____________

6 Was ist das?

Schreib wie im Beispiel.

1. Das ist ein Auto.
2. Das sind ____________
3. ____________
4. ____________
5. ____________

7 Das Fahrrad – ein Fahrrad

a Mal die Sachen in der richtigen Farbe an:
der = blau, das = grün, die = rot, Plural = gelb.

b Was ist das? Schreib in dein Heft.

Nummer 1 ist eine Lehrerin.
Nummer 2 sind Hefte.
Nummer 3 …

8 Pia am Flughafen

a Was gibt es in der Schule? Kreuze an.

1. ☐ Fotoapparate
2. ☐ Scheren
3. ☐ Brillen
4. ☐ Katzen
5. ☐ Bücher
6. ☐ Hunde
7. ☐ Schultaschen
8. ☐ Flaschen
9. ☐ Tennisbälle
10. ☐ Bands
11. ☐ Sachertorte
12. ☐ Gläser

b Deine Schultasche: Was aus 8a ist nicht in der Schultasche? Schreib.

Da sind *keine Fotoapparate, keine* ______________________

____

____

____

9 Was ist in der Tasche von Pia? Was ist nicht drin?

Sieh die Zeichnungen an und schreib wie im Beispiel.

A

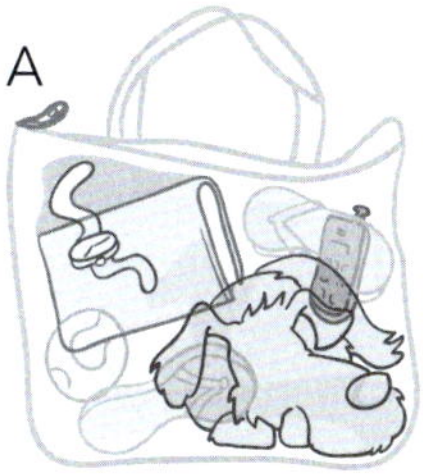

1. *Da ist ein Hund drin.*
2. ______
3. ______
4. ______
5. ______
6. ______

B

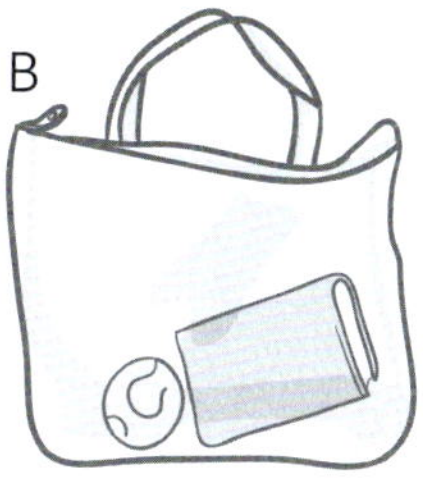

1. *Da ist kein Hund drin.*
2. ______
3. ______
4. ______

10 Das ist doch kein Handy!

1.16 **Ergänze *ein(e)* oder *kein(e)*. Hör zur Kontrolle.**

1. ● Das ist *ein* Hund. ○ Das ist doch *kein* Hund. Das ist *eine* Katze.

2. ● Das ist ______ Handy. ○ Das ist doch ______ Handy. Das ist ______ Computer.

3. ● Das ist ______ Heft. ○ Das ist doch ______ Heft. Das ist ______ Buch.

4. ● Das ist ______ Pizza. ○ Das ist doch ______ Pizza. Das ist ______ Sachertorte.

5. ● Das ist ______ Fahrrad. ○ Das ist doch ______ Fahrrad. Das ist ______ Auto.

11 Ein Chat

Wie ist die Frage richtig? Wie ist die Antwort richtig? Kreuze an.

1. ● ☒ Wo ☐ Woher wohnt Akimi? ○ Akimi wohnt ☐ aus ☐ in Zürich.
2. ● ☐ Wo ☐ Woher kommt Toshiba? ○ Toshiba kommt ☐ aus der ☐ in der Schweiz.
3. ● ☐ Wo ☐ Woher wohnst du? ○ Ich wohne ☐ aus der ☐ in der Schweiz.
4. ● ☐ Wo ☐ Woher kommst du? ○ Ich komme ☐ aus ☐ in Japan.
5. ● ☐ Wie ☐ Woher ist deine Adresse? ○ Meine Adresse ist Poststraße 8.
6. ● ☐ Wer ☐ Wo wohnt in Zürich? ○ Toshiba und Akimi.

12 Wo wohnst du?

Wie heißt die Stadt in deiner Sprache? In welchem Land liegt sie?

	deine Sprache:	Land:
1. Basel	______	in der Schweiz
2. Berlin	______	______
3. Bern	______	______
4. Hamburg	______	______
5. Köln	______	______
6. München	______	______
7. Salzburg	______	______
8. Wien	______	______
9. Zürich	______	______

13 Wer sind Akimi und Toshiba?

a Schreib die richtige Frage.

1. Wie heißt er ______? Er heißt Martin.
2. W______? Er ist 14 Jahre alt.
3. W______? Er wohnt in Bern.
4. W______? Er kommt aus der Schweiz.
5. W______? Die Adresse ist Brechtstraße 17.

b Schreib die Informationen aus 13a in den Steckbrief.

	1. Name:
	2. Alter:
	3. Wohnort:
	4. Adresse:
	5. Land:

14 f oder w?

Hör die Sätze und ergänze f oder w. Sprich dann die Sätze nach.

1.17

1. Mein F reund aus __innland hat __ünf __otoapparate.
2. __o __ohnt __olfgang? – Ich __eiß nicht.
3. __ie viele __reunde __ohnen in __rankfurt? – __ünfzehn.
4. Schon __ünf __ochen __ohnt __rank in __ien.
5. __er sagt „Au__ __iedersehen, __ranz"?

Wörter – Wörter – Wörter

15 Die Welt

Wie heißen die fünf Kontinente? Schreib die Namen in die Karte.

16 Wörter-Chaos

Welches Wort passt nicht? Streich durch.

1. Türkei – ~~Afrika~~ – USA – Österreich
2. Tennisschuhe – Katze – Fußball – Sportschuhe
3. Hund – Fotoapparat – Uhr – Handy
4. Torte – Pizza – Schokolade – Flasche
5. Schere – Radiergummi – Lehrerin – Bleistift

17 Steckbrief

liegt • ist • wohnt • ist • kommt

Das __________ Nana.

Sie __________ aus Ghana.

Das __________ in Afrika.

Jetzt __________ sie in Hamburg.

Das ____________ Baran.

Er ____________ aus Istanbul.

Das ____________ in der Türkei.

Die Türkei ____________ in Asien und in Europa.

Jetzt ____________ Baran in Köln.

18 Meine Wörter

Welche Wörter sind für dich wichtig? Schreib fünf Wörter auf.

____

4 Wer bist du?

1 Wer ist denn das?

a Welcher Beruf passt? Der Kasten hilft. Ein Beruf bleibt übrig.

Lehrer • Arzt • Sekretärin • Sportlerin

1. Tennis, Fußball, Tennisschuhe ______________
2. Schüler, Buch, Schule, Unterricht ______________
3. Telefon, Computer, Stift ______________

b Mann und Frau. Ergänze. Schreib die Wörter auch in deiner Sprache.

	deine Sprache:		deine Sprache:
der Sportler	______	die Sportlerin	______
der Lehrer	______	die ______	______
der Sekretär	______	die ______	______
der ______	______	die Ärztin	______
der Freund	______	die ______	______

2 Wie? Woher? Was?

Hör die Sätze. Richtig oder falsch? Kreuze an.

1.18

	richtig	falsch
1. Er heißt Johann Bauer.	☐	☒
2. Er kommt aus der Schweiz.	☐	☐
3. Er wohnt in Zürich.	☐	☐
4. Er ist 35 Jahre alt.	☐	☐
5. Er ist Arzt von Beruf.	☐	☐

3 Steckbriefe

Was passt zusammen? Ordne zu.

1. C Name	A Ich wohne in der Hauptstraße 12 in Bremen.
2. __ Alter	B Meine Telefonnummer ist 0421/35921.
3. __ Adresse	C Ich heiße Brigitte Vogelmann.
4. __ Land	D Ich bin 35 Jahre alt.
5. __ Telefonnummer	E Ich bin Sekretärin.
6. __ Beruf	F Ich komme aus Deutschland.

4 Alles falsch!

a Welcher Satz ist verneint? Unterstreiche.

Das ist Sonja Stellfeld. Sie kommt nicht aus Deutschland.
Sie kommt aus Österreich. Sie wohnt nicht in Wien. Sie wohnt in Linz.
Sie ist Sportlerin von Beruf. Sie spielt nicht Fußball. Sie spielt Tennis.
Sie ist nicht 25 Jahre alt. Sie ist 26 Jahre alt.

b Verneine die Sätze.

1. Sie heißt Brigitte Vogelfrau. *Sie heißt nicht Brigitte Vogelfrau.*
2. Sie ist 17 Jahre alt. ______
3. Sie ist Ärztin von Beruf. ______
4. Sie kommt aus Österreich. ______
5. Die Adresse ist Breiter Weg 24. ______
6. Die Telefonnummer ist 0732/532732. ______

c Antworte wie im Beispiel und schreib in dein Heft.

1. Heißt du Marius Müller?
2. Bist du 18 Jahre alt?
3. Kommst du aus Deutschland?
4. Ist deine Telefonnummer 76528?
5. Bist du Lehrer von Beruf?

1. Nein, ich heiße nicht Marius Müller, ich heiße ...

d *Nicht* oder *kein/keine*?

1. Pia kommt *nicht* aus Österreich.
2. Nein, das sind ______ Fußballschuhe.
3. Paul ist ______ 18 Jahre alt.
4. Plato ist ______ Katze.
5. Toshiba wohnt ______ in Deutschland.
6. Das ist doch ______ Tennisball.

5 Aktivitäten in der Freizeit

Was brauchst du dazu? *Fahrrad fahren – Beine und Hände. Singen – …* Kreuze an.

	Beine 	Mund 	Hände 
1. Fahrrad fahren	x		x
2. singen			
3. Fußball spielen			
4. im Internet surfen			
5. Gitarre spielen			
6. kochen			
7. tanzen			
8. schwimmen			

6 Wer kann was?

Plato ist der Hund von Pia. Was kann er (nicht)? Schreib Sätze.

1. Fußball spielen (+)
2. kochen (–)
3. Fahrrad fahren (–)
4. schwimmen (+)
5. singen (+)
6. im Internet surfen (–)

1. *Plato kann Fußball spielen.* ______
2. *Plato kann nicht* ______
3. *Er* ______
4. ______
5. ______
6. ______

deine Sprache:

______
______
______
______
______
______

7 Was kannst du? Was kannst du nicht?

Schreib Sätze mit den Wörtern. Achte auf die richtige Form von *können*.

1. Fahrrad fahren / Kolja / können / . *Kolja kann Fahrrad fahren.*
2. Fußball spielen / Kolja / nicht / können / . ______
3. können / Paul / kochen / ? ______
4. Paul / tanzen / können / nicht / . ______
5. Nadja und Jannik / singen / können / . ______
6. Jannik / schwimmen / können / ? ______
7. ich / können / gut / ... ______
8. nicht / können / ich / ... ______

8 Der neue Lehrer: ein Interview

a Was sagst du zu wem? Ordne die Fragen zu.

A 

Herr Schulze

B 

Anne

- [*A*] 1. Wo wohnen Sie?
- [ ] 2. Kannst du singen?
- [ ] 3. Wie alt bist du?
- [ ] 4. Kennen Sie die Band „Silbermond"?
- [ ] 5. Können Sie schwimmen?
- [ ] 6. Hast du eine Katze?
- [ ] 7. Sind Sie verheiratet?
- [ ] 8. Magst du Musik?

b Ergänze die richtige Verbform.

1. *Kannst* (können) du tanzen?
2. Wie ______ (heißen) Sie?
3. Wo ______ (wohnen) Sie?
4. Woher ______ (kommen) du?
5. Wie alt ______ (sein) du?
6. ______ (können) Sie kochen?
7. Wie ______ (heißen) du?
8. ______ (haben) Sie Kinder?

9 Informationen

Welches Fragewort passt? Ergänze.

1. ● Wie______ heißt du? ○ Charlotte.
2. ● ________ ist dein Familienname? ○ Lagger.
3. ● ________ wohnst du? ○ In Wien.
4. ● ________ alt bist du? ○ 13.
5. ● ________ ist dein Deutschlehrer? ○ Herr Zacher.
6. ● ________ kommst du? ○ Aus Österreich.
7. ● ________ kannst du gut? ○ Fußball spielen und singen.
8. ● ________ ist dein Lieblingsfilm? ○ „Avatar".
9. ● ________ buchstabiert man das? ○ A-V-A-T-A-R.
10. ● ________ ist deine Telefonnummer? ○ 0170 11676236.

10 Projekt: Freunde-Buch

a Welche Antwort passt? Ordne zu.

1. ___ Was kannst du gut?
2. ___ Wer ist dein Lieblingslehrer?
3. ___ Was ist dein Lieblingsfilm?
4. ___ Was ist deine Lieblingszahl?
5. ___ Wer ist dein Lieblingssportler?
6. ___ Wer ist dein Lieblingsstar?
7. ___ Wie heißt deine Schule?

A 24
B Sebastian Vettel
C Fußball spielen, schreiben
D „Shaun das Schaf" – Der Film
E Robert Pattinson
F Goethe-Gymnasium
G Herr Müller

b Welche Fragen aus 10a passen in euer Freunde-Buch?

Fragen für das Freunde-Buch: ______________________________

11 *st* und *scht*

1.19

a Hör die Sätze und schreib in die Lücken.

1. Öst___erreich ist nicht in Au___ralien.
2. Wo i___ der Blei___ift?
3. Sie buch___abieren das Wort ___raße.
4. Spiel___ du Gitarre oder sing___ du?
5. Der Familienname von Sonja ist ___ellfeld.
6. Du komm___ aus ___uttgart und wohn___ in der Berliner ___raße.

b Wo spricht man *scht*? Markiere.

12 Unser Deutschunterricht

a Was passt? Ordne die Verben zu. Es gibt mehrere Möglichkeiten.

lernen • lesen • spielen • schreiben • singen

1. Lieder ______________________
2. Texte ______________________
3. Gespräche ______________________
4. Wörter ______________________
5. Sätze ______________________

b Ergänze die Gespräche.

1. ● Wir schreiben heute einen Text. Was macht ihr heute?
   ○ ____ singen Lieder und les____ Texte.

2. ■ Woher kommt ihr ?
   □ ____ kommen aus Italien. Und ____?
   ■ Wir komm____ aus Polen.

3. ▶ Was mach____ ihr?
   ▷ Wir lern____ Deutsch. Könnt ____ auch Deutsch?
   ▶ Nein. ____ können kein Deutsch.

4. ● Macht ____ Sport?
   ○ Ja, wir schwimm____ und ____ tanzen. Und was mach____ ihr?
   ● Wir tanz____ auch.

13 Im Klassenzimmer

Welcher Satz passt zu welchem Bild? Ordne zu.

A Kannst du das bitte wiederholen?
B Können Sie das bitte buchstabieren?
C Noch einmal, bitte. Das verstehe ich nicht.
D Wie heißt das auf Deutsch?

1.

2.

3.

4.

Wörter – Wörter – Wörter

14 Spiel, Sport und Spaß

Was machen die Personen? Schreib Sätze.

Paul

Pia

Nadja

Kolja

1. Er spielt Gitarre.
2. Sie ______
3. ______
4. ______

Anton

der Lehrer

Nadja

5. ______
6. ______
7. ______

15 Im Deutschunterricht

Finde 13 Wörter zum Thema Deutschunterricht. Schreib sie in dein Heft.

Q	W	E	D	F	G	B	L	V	C	H	P	Z	X	Y	I	Ö
A	P	Y	S	I	N	G	E	N	X	A	O	T	D	V	K	M
Y	Ü	A	O	E	T	B	S	B	Y	U	S	R	S	B	S	J
X	Ä	F	L	I	E	D	E	R	L	S	P	A	ß	N	J	N
S	A	D	P	E	X	Z	N	Z	Ö	A	I	R	A	H	F	B
Ä	S	J	Ü	R	T	T	I	U	M	U	E	E	W	Z	R	F
T	W	Ö	R	T	E	R	D	Ä	N	F	L	E	R	N	E	N
Z	G	E	S	P	R	Ä	C	H	E	G	E	W	T	E	T	D
E	J	M	I	D	F	G	S	Q	H	A	N	Q	V	W	K	S
C	I	U	U	S	C	H	R	E	I	B	E	N	B	Q	Ä	Q
V	Z	T	R	E	A	S	D	F	G	E	I	A	N	I	O	E
W	I	E	D	E	R	H	O	L	E	N	U	S	M	O	Ü	Ü

1. singen, ...

16 Wer ist das? Was machen die Leute?

Welches Wort passt? Ergänze die Sätze. Der Kasten hilft.

1. Was ist Herr Bauer von Beruf? – Er ist Arzt.
2. Brigitte Vogelmann ist ______.
3. Armin Weber spielt Tennis. Er ist ______ von Beruf.
4. Der neue Lehrer hat drei ______.
5. Sind Sie ______? – Ja, schon 6 Jahre.

Sekretärin
verheiratet
Sportler
~~Beruf~~
Kinder

17 Meine Wörter

Welche Wörter sind für dich wichtig? Schreib fünf Wörter auf.

______

1 Logisch NEU: Mein Deutschbuch

a Was machst du hier? Ordne zu.

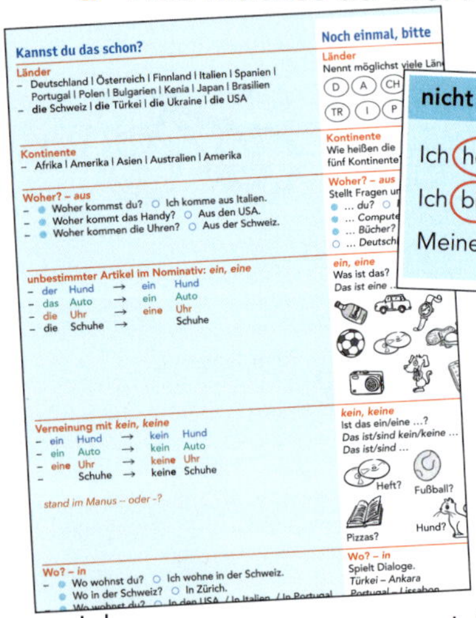

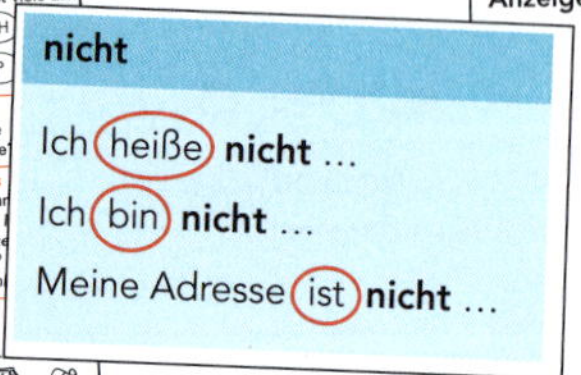

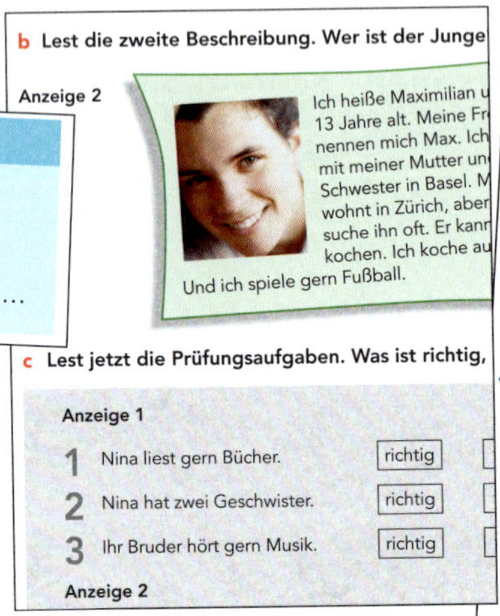

Ich …	Ich …	Ich …	Ich …
A wiederhole.	A spreche.	A koche.	A spiele Dialoge.
B singe Lieder.	B lerne Wörter.	B lerne für die Prüfung.	B übe Wörter.
C schreibe Sätze.	C lerne Grammatik.	C surfe im Internet.	C höre Gespräche.

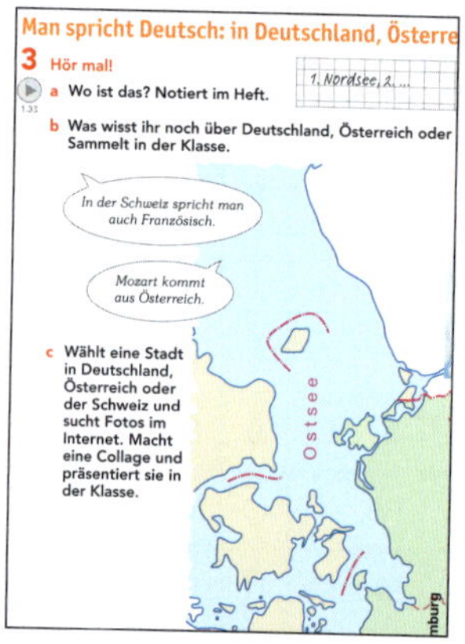

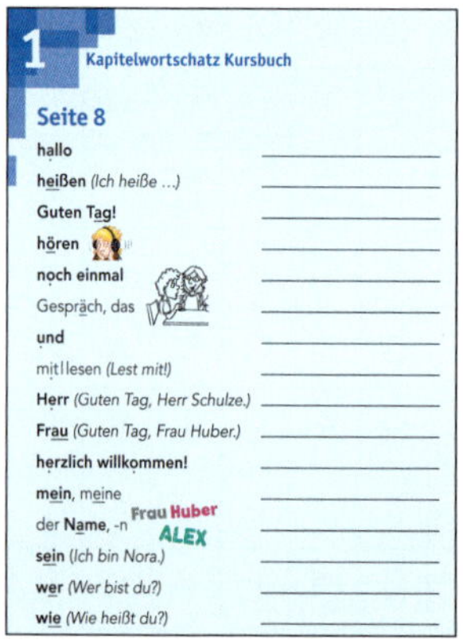

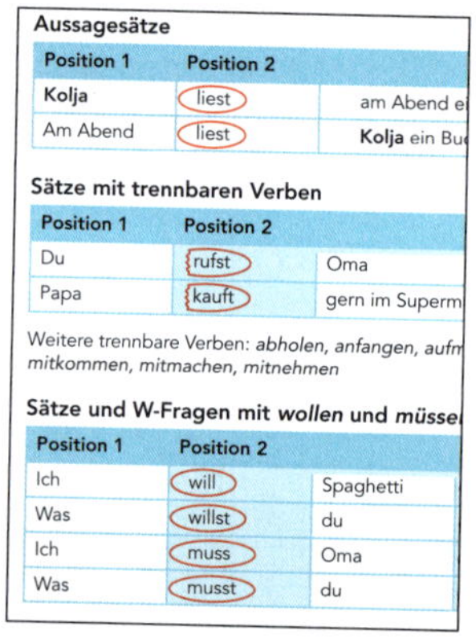

Ich …	Ich …	Ich …	Ich …
A singe Lieder.	A lerne etwas über D-A-CH.	A lese Texte.	A surfe im Internet.
B lese Texte.	B lerne Englisch.	B spiele Dialoge.	B wiederhole die Grammatik.
C mache ein Spiel.	C lese Bücher.	C lerne Wörter.	C höre Lieder.

b Findest du die Bilder aus 1a in Logisch! neu? Im Kursbuch oder im Arbeitsbuch? Und auf welcher Seite?

	1	2	3	4	5	6	7	8
Kursbuch	x							
Arbeitsbuch								
Seite	25							

2 Grammatik: Artikel mit Farben lernen

Film **a Ordne die Wörter den Bildern zu. Ergänze dann den richtigen Artikel und male die Bilder in der richtigen Artikelfarbe an.**

Auto • Buch • Computer • Fahrrad • Flasche • Fußball • Gitarre • Glas • Handy • ~~Hund~~ • Schokolade • Schuh • Schultasche • Stift • Uhr

= der   = das   = die

1. ______

2. ______

3. der Hund

4. ______

5. ______

6. ______

7. ______

8. ______

9. ______

10. ______

11. ______

12. ______

13. ______

14. ______

15. ______

b Deck 2a zu und schreib den richtigen Artikel. Wie viele Artikel hast du richtig?

1. ___ Auto
2. ___ Buch
3. ___ Computer
4. ___ Fahrrad
5. ___ Flasche
6. ___ Fußball
7. Gitarre
8. ___ Handy
9. ___ Hund
10. ___ Glas
11. ___ Schokolade
12. ___ Schuh
13. ___ Schultasche
14. ___ Stift
15. ___ Uhr

____/15

c Sucht zu zweit sechs weitere bekannte Wörter mit Artikel aus der Wortliste. Schreibt sie auf und malt sie in den Artikelfarben an. Fragt euch nach dem Artikel – natürlich ohne Buch.

______ ______ ______

______ ______ ______

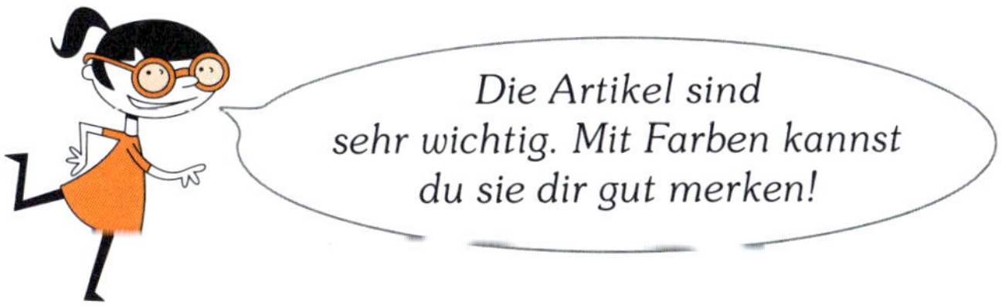

5 Um sieben Uhr ...

1 Nadjas Tag

Was passt zusammen? Verbinde die Tageszeiten und die Uhrzeiten.

am Morgen	9.00 – 12.00
am Vormittag	18.00 – 22.00
am Mittag	6.00 – 9.00
am Nachmittag	12.00 – 14.00
am Abend	14.00 – 18.00

2 Wie spät ist es?

Schreib die Uhrzeit.

1. Es ist halb acht. 7.30
2. Es ist zehn nach acht. ________
3. Es ist fünf vor zehn. ________
4. Es ist Viertel vor elf. ________
5. Es ist zwölf Uhr. ________
6. Es ist halb eins. ________
7. Es ist Viertel nach zwei. ________
8. Es ist zwanzig vor vier. ________

3 Timos Tag

Schreib die Sätze anders. Beginne mit der Uhrzeit.

1. Timo steht um sieben Uhr auf.
   Um sieben Uhr steht Timo auf.
2. Timo hat um acht Uhr Unterricht.
   ____
3. Er kocht um halb zwei Spaghetti.
   ____
4. Timo macht um Viertel vor drei Hausaufgaben.
   ____

4 Ein Horrortag?!

a Was passt zusammen? Schreib die Verben.

kaufen ~~auf~~ ein mit holen ~~stehen~~ an nehmen rufen ab

aufstehen, ________

b Hier stimmt was nicht! Schreib die Sätze neu.

1. Nadja aufsteht um 7 Uhr.
   Nadja steht um 7 Uhr auf.
2. Sie holt Jannik ab um 15.15 Uhr.
   ____
3. Sie kauft ein im Supermarkt.
   ____
4. Am Abend anruft sie Oma.
   ____

c Bilde Sätze.

1. Um 18 Uhr / ich / Oma / abholen — Um 18 Uhr hole ich Oma ab.
2. Robbie / Kolja / um 16 Uhr / anrufen — Robbie ______
3. Timo / um 7.30 Uhr / frühstücken — Timo ______
4. Am Mittag / im Supermarkt / Pia / einkaufen — Am Mittag ______
5. Timo / um 22 Uhr / schlafen — Timo ______
6. Nadja / am Nachmittag / Fußball spielen — Nadja ______

5 Was erzählt Pia?

a Zeitangaben: Ordne zu.

~~zuerst~~ • am Morgen • danach • um ein Uhr • am Mittag • dann • am Abend • um halb drei

Uhrzeit	Tageszeit	Reihenfolge
		zuerst,

b Was macht Timo zuerst? Was macht er dann?

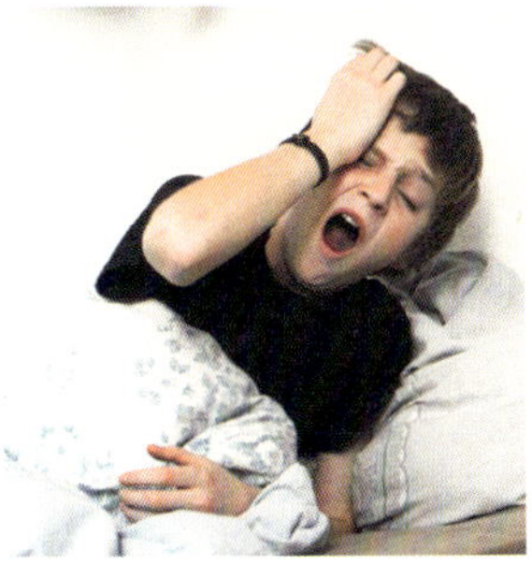

1. Zuerst steht Timo auf, dann duscht er.

2. Zuerst ______, dann ______.

3. ______ ______.

6 Und was macht ihr am Nachmittag?

Schreib einen Text. Der Kasten hilft. Wer ist das?

~~um 10 Uhr aufstehen~~ • nicht in die Schule gehen • am Mittag schlafen • am Nachmittag mit Pia einkaufen • dann mit Pia spielen • danach schlafen

Um 10 Uhr stehe ich auf. Ich ______________________________

____

____

Ich bin ______________________.

7 Wo ist der Akzent?

a Trennbar oder nicht? Ordne zu. Schreib die Tabelle ins Heft.

~~anrufen~~ • abholen • telefonieren • erzählen • vergessen • einkaufen • wiederholen • aufstehen • verstehen • mitnehmen

trennbar	nicht trennbar
anrufen – ich rufe an	

1.20

b Kontrolliere Aufgabe 7a. Hör die Verben und achte auf die Betonung.

8 Interviews in der Klasse: Mein Tag

Was machen Nadja und Paul? Schreib Fragen und Antworten zu den Bildern.

1. ● Nadja, wann frühstückst du?
   ○ Um *sieben Uhr.* ______________

3. ● Paul, was machst du um 18 Uhr?
   ○ Ich ______________________.

2. ● Und wann ______________________, Nadja?
   ○ Um ______________________.

4. ● Was ______________________, Paul?
   ○ Ich ______________________.

9 Die Minute zählt.

a Schreib die offizielle Uhrzeit. Notiere dann: Wie spricht man die Uhrzeit inoffiziell?

1. ☀ Es ist 7:15 Uhr.
Es ist Viertel nach sieben.

2. ☾ Es ist 22:45 Uhr.
Es ist Viertel ...

3. ☾ ______
______

4. ☀ ______
______

5. ☀ ______
______

6. ☾ ______
______

b Was hörst du? Kreuze an.

1.21

1. [x] 7.20 Uhr
   [ ] 17.20 Uhr
2. [ ] 7.45 Uhr
   [ ] 8.15 Uhr
3. [ ] 10.05 Uhr
   [ ] 16.50 Uhr
4. [ ] 5.10 Uhr
   [ ] 15.00 Uhr
5. [ ] 8.45 Uhr
   [ ] 14.09 Uhr
6. [ ] 11.30 Uhr
   [ ] 13.30 Uhr

10 Ein wunderbarer Tag

a Das macht Kolja an einem wunderbaren Tag. Ergänze die Buchstaben.

1. Hamburger e_ss_en
2. Fahrrad f____ren
3. Fußball sp____len
4. schwi____en
5. um 11 Uhr aufst____en
6. mit Robbie telefon____ren
7. etwas erz____len
8. tanzen g____en
9. Schokolade frühst____en

b Was machst du <u>nicht</u> an einem wunderbaren Tag?

1. um 6 Uhr aufstehen — Ich stehe nicht um 6 Uhr auf.
2. in die Schule gehen ______
3. Englisch lernen ______
4. im Supermarkt einkaufen ______
5. Klavier üben ______
6. ______ ______
7. ______ ______

P c Ein normaler Tag. Lies die Beschreibungen. Beantworte dann die Fragen: richtig oder falsch?

Beschreibung 1
Ich heiße Sonja Stellfeld und mache jeden Tag Sport. Zuerst fahre ich zwei Stunden Fahrrad, dann spiele ich zwei Stunden Tennis. Am Nachmittag spiele ich noch einmal zwei Stunden Tennis. Nach dem Abendessen schwimme ich eine Stunde. Und ich esse keine Pizza und keine Schokolade!

Beschreibung 2
Ich heiße Kai Hübner. Ich gehe am Vormittag in die Schule. Wir lernen die Zahlen und machen viele Aufgaben. Viele Schüler sagen, mein Unterricht ist schwer. Aber das ist nicht so – jeder kann das verstehen! Am Mittag gehe ich nach Hause, dann lese ich die Hausaufgaben der Schüler.

	richtig	falsch
0. Sonja macht nicht gern Sport.	☐	☒
1. Nach dem Mittagessen spielt Sonja Tennis.	☐	☐
2. Sonja kann nicht gut schwimmen.	☐	☐
3. Sonja mag Pizza, aber keine Schokolade.	☐	☐
4. Herr Hübner unterrichtet Mathematik.	☐	☐
5. Am Nachmittag ist kein Unterricht.	☐	☐
6. Die Schüler haben keine Hausaufgaben.	☐	☐

11 Traumtag oder Horrortag?

Ein Horrortag für Kolja! Ergänze die Verben in den Klammern.

Morgen ist keine Schule – aber es ist ein Horrortag! Ich _stehe_ um 7 Uhr _auf_ (aufstehen; 1)! Danach ________ ich für das Frühstück ________ (einkaufen; 2). Um 10 Uhr ________ wir Tante Gitti ________ (abholen; 3): Sie ________ ________ (Geburtstag haben; 4)! Wir ________ auch Oma ________ (mitnehmen; 5). Am Mittag ________ wir ________ (Spaghetti kochen; 6). Danach ________ ich für Tante Gitti und Oma ________ (Klavier spielen; 7). Am Abend ________ ich mit Mama ________ (Hausaufgaben machen; 8). Ich schlafe um 21 Uhr. Das ist ein Horrortag, oder?

Wörter – Wörter – Wörter

12 Wie ist dein Tag?

Was machst du wann? Ordne die Verben. Schreib deinen Tagesablauf ins Heft.

Unterricht haben • schlafen • frühstücken • ~~aufstehen~~ • nach Hause kommen • Abendessen machen • spielen • Hausaufgaben machen • Mittagessen kochen • in die Schule gehen

aufstehen, ...
Ich stehe um ...

13 Rund um die Uhr

Ergänze die Sätze.

1. *Wann* gehst du mit Tanja schwimmen? – Um 14 Uhr.
2. Ich habe keine Uhr. Wie ______________________?
3. Es ist 16.20 Uhr, zwanzig ______________ vier.
4. ___________ 10.15 Uhr habe ich Deutschunterricht.
5. _______________ stehst du auf? – Um 7 Uhr.
6. Wann kommt Papa nach Hause? – ______________ Abend, um sieben Uhr.

14 Tätigkeiten

Was passt zusammen? Schreib viele Verbindungen in dein Heft.

Jannik, Deutsch, mit Plato, im Supermarkt, Hausaufgaben, Klavier, Freunde, Spaghetti

anrufen, kochen, einkaufen, machen, abholen, lernen, üben, spielen

Jannik spielt.

15 Meine Wörter

Welche Wörter sind für dich wichtig? Schreib fünf Wörter auf.

____

6 Mein Lieblingsfach ist ...

1 Der Wochentage-Rap

Was macht Pia wann? Ergänze die Lücken im Text.

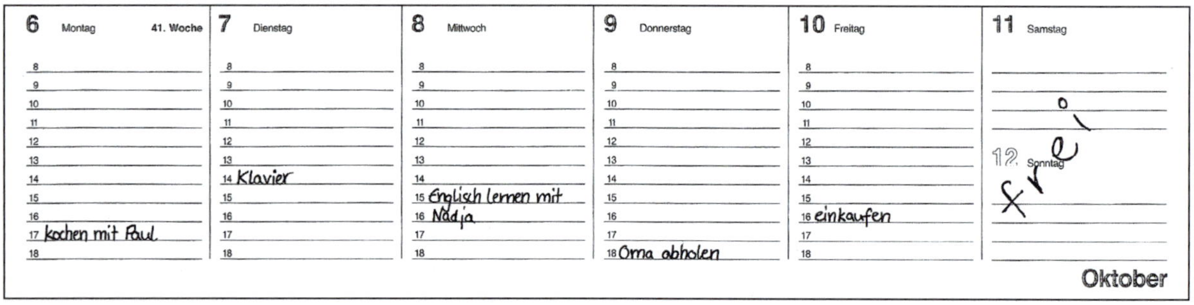

Am Montag ______ kocht Pia mit Paul (1). Am ____________ hat sie frei (2).
Am Donnerstag ____________ sie Oma ____________ (3). Am Dienstag
____________ sie ____________ (4). Am ____________ lernt sie mit
Nadja Englisch (5). Am ____________ geht sie im Supermarkt einkaufen (6).

2 Die Wochentage

Was heißt die Abkürzung? Schreib die Wochentage auch in deiner Sprache.

		deine Sprache:			deine Sprache:
Mo =	Montag	____________	Fr =	____________	____________
Mi =	____________	____________	Sa =	____________	____________
Di =	____________	____________	Do =	____________	____________
So =	____________	____________			

3 Der Stundenplan von Klasse 7b

1.22

a Wie ist Tinas Stundenplan? Was ist richtig?

A Tina sagt: Der Stundenplan ist gut. Tina hat nicht so viel Englisch und Deutsch.

B Tina sagt: Der Stundenplan ist nicht gut. Tina hat sehr viel Englisch, Mathe und Deutsch.

b Hör das Gespräch noch einmal und kreuze an: richtig oder falsch?

0. Tina hat am Dienstag kein Englisch. richtig ~~falsch~~ (X)
1. Sie lernt auch Deutsch. richtig falsch
2. Am Donnerstag hat sie Mathematik. richtig falsch
3. Am Dienstagnachmittag hat sie Informatik. richtig falsch
4. Sie hat Kunst. richtig falsch
5. Am Mittwoch hat sie Sport. richtig falsch

4 Unsere Schulfächer

a Die Formen von *haben*. Was passt zusammen? Schreib in dein Heft.

~~ich~~ • du • er/es/sie • wir • ihr • sie/Sie

hast • haben • habt • ~~habe~~ • haben • hat

ich habe

b Lies die E-Mail von Pia an Nilgün. Ergänze die Formen von *haben*.

Hallo Nilgün,

wie ist die Schule? Wie ist dein Stundenplan? Ich gehe von Montag bis Freitag jeden Tag in die Schule. Wir haben (1) von 8 Uhr bis 13 Uhr Unterricht. Welche Fächer ______ (2) ihr? Wir ______ (3) Mathe und Physik, Biologie, Geschichte, Deutsch und Englisch. ______ (4) du auch Englisch oder nur Deutsch? Ich ______ (5) auch Religion, aber andere Kinder ______ (6) Ethik. Am Donnerstag ______ (7) wir am Nachmittag noch Sport, aber am Wochenende ______ (8) ich frei! Wann ______ (9) du frei?

Bis bald!

Pia

5 Mathe ist doof!

a Sortiere die Adjektive.

~~interessant~~ • ~~langweilig~~ • leicht • blöd • schön • super • wichtig • doof • cool • nett • richtig • falsch • schwer

☺: interessant ______

☹: langweilig ______

b Hör das Gespräch. Was sagen Robbie und Nadja? Ergänze die passende Form von *sein* und das Adjektiv.

1.23

1. Nadja: Französisch ist schwer.
2. Robbie: Deutsch ______.
3. Robbie: Frau Müller ______.
4. Nadja: Mathe ______.
5. Robbie: Mathe ______ und ______.
6. Nadja: Chemie und Biologie ______ ______!
7. Robbie: Musik und Sport ______!

c Antworte auf die E-Mail von Pia in 4b.

Schreib circa 30 Wörter. Antworte auf die Fragen:
• Wie ist die Schule? • Welche Fächer habt ihr? • Wann hast du frei?

6 Fächer-Hitliste

Suche elf Fächer im Buchstabenrätsel und schreib sie in die richtige Zeile.

B	M	A	T	H	E	X	A	P	C
I	N	D	E	U	T	S	C	H	H
O	B	A	N	V	H	P	T	Y	E
L	K	L	N	S	I	O	H	S	M
O	M	U	S	I	K	R	O	I	I
G	D	K	U	N	S	T	M	K	E
I	O	E	N	G	L	I	S	C	H
E	G	E	O	G	R	A	F	I	E

B__________

Ch__________

S__________

En__________

D__________

E__________

G__________

K__________

M*athe*

M__________

Ph__________

7 Schule am Nachmittag

a AG und Aktivität: Was passt wo?

~~Mathe lernen~~ • Tennis spielen • Spaghetti kochen • singen • im Internet surfen • tanzen • essen • laufen • Computer spielen • Theater spielen • Volleyball spielen • Pizza machen

Informatik-AG	Sport-AG	Musiktheater-AG	Koch-AG
Mathe lernen			

b Phonetik-AG: Schreib einen Text für die AG in dein Heft. Die Wörter im Kasten und die Texte in Aufgabe 7 im Kursbuch helfen.

hören • im Filmraum • laut lesen • singen • im Rhythmus sprechen • Mittwoch • um 15 Uhr • mit Musiklehrerin Frau König

c Dein Nachmittag: Was machst du? Was machst du nicht?

Ich gehe in die __________-AG: Ich __________

____

____

Ich gehe nicht in die __________-AG: Ich __________

____

8 Ich treffe gern Freunde.

Wer macht was gern oder nicht gern?

1. Klavier üben ☺: Ich *übe gern Klavier.*
2. Hausaufgaben machen ☹: Robbie *macht nicht gern Hausaufgaben.*
3. in die Schule gehen ☺: Pia ______
4. schwimmen ☺: Nadja ______
5. Schokolade essen ☹: Pia und Paul ______
6. Fußball spielen ☺: Robbie ______
7. Was machst du gern? Ich ______
8. Und was machst du nicht gern? Ich ______

9 Siehst du gern Filme?

Ergänze die Tabelle.

	essen	treffen	lesen	sehen	laufen	fahren
ich	esse			sehe		fahre
du	isst		liest			
er/es/sie		trifft		sieht	läuft	
wir			lesen	sehen		
ihr	esst		lest	seht	lauft	fahrt
sie/Sie		treffen		sehen	laufen	fahren

10 Nadja und Robbie

a Was passt zusammen? Verbinde.

gesund	haben
in die Koch-AG	essen
eine Nachricht	treffen
Zeit	gehen
Robbie	lesen

b Ergänze die Verben aus Übung 9 in der richtigen Form.

1. Robbie *isst* gern Hamburger, Nadja ______ gern gesund.
2. Am Wochenende ______ wir oft Freunde und ______ Videos.
3. Pia ______ Fahrrad und Plato ______, so gehen sie spazieren.
4. Am Abend ______ wir immer zusammen: Papa kocht!
5. Oma ______ keine Bücher, sie ______ nicht gut.
6. Ich gehe in die Sport-AG und ______ zweimal pro Woche.
7. ______ du gern Fahrrad?
8. Wo ______ ihr Tina und Tom? In der Sport-AG?

11 Lange und kurze Vokale

Hör zu und ergänze. Hör noch einmal zur Kontrolle.

1.24

1. Meine L_ie_blingsfächer s___nd Chem___, Phys___k, Biolog___ und Mathemat___k.
2. Unser L____rer für R___ligion heißt H____ Kunze. Er g______t g___rn ____en.
3. R______ie h___lt ___ma ab. Sie k______t mit nach Polen, ich nicht. Das ist d___f!
4. Die M___sik im S___permarkt ist s___per!
5. S_____e ___m sieben _____r ist ges___nd.
6. W______ f____ren wir F____rrad? Am ___bend!

12 Unsere Schule – eure Schule

Ergänze die Tabelle. Schreib die Tabelle auch in deiner Sprache.

	ich	du	wir	ihr
der Lehrer	_mein_ Lehrer	______ Lehrer	______ Lehrer	______ Lehrer
das Buch	______ Buch	______ Buch	_unser_ Buch	______ Buch
die Schule	______ Schule	______ Schule	______ Schule	_eure_ Schule
die Fächer	______ Fächer	_deine_ Fächer	______ Fächer	______ Fächer

deine Sprache:

13 Projekt: Unsere Schule vorstellen

Unsere Schule ist doof! Und eure? Ergänze.

1. U_nsere_ Matheaufgaben sind schwer. Sind eu_re_ Matheaufgaben _leicht_?
2. U________ Mathelehrerin ist doof. Ist eu____ Mathelehrerin ______________?
3. U________ Hausaufgaben sind immer falsch. Sind eu_______ Hausaufgaben immer ___________?
4. U________ Sportplatz ist klein. Ist eu_______ Sportplatz ______________?
5. U________ AGs sind langweilig. Sind eu_______ AGs ______________?
6. U________ Klassenzimmer ist alt. Ist eu_______ Klassenzimmer ______________?

Wörter – Wörter – Wörter

14 Zeitangaben

Tageszeit, Wochentag oder andere Zeitangaben? Ordne zu.

~~jeden Tag~~ • am Mittwoch • am Nachmittag • am Dienstag • heute • den ganzen Tag • am Morgen • am Wochenende • zweimal pro Woche • am Mittag • am Montag

Tageszeit	Wochentag	andere Zeitangaben
		jeden Tag

15 Wörter-Chaos

Welches Wort passt nicht? Streich durch.

1. Montag – Freitag – Dienstag – ~~Mittag~~
2. Deutsch – Mathematik – Französisch – Englisch
3. Lehrer – Akrobat – Clown – Zirkus
4. laufen – Fahrrad fahren – lesen – schwimmen
5. Klassenzimmer – Schüler – Schulkantine – Sportplatz

16 Rund um die Schule

Sammle im Kapitel Wörter zum Thema „Schule" und ordne sie zu.

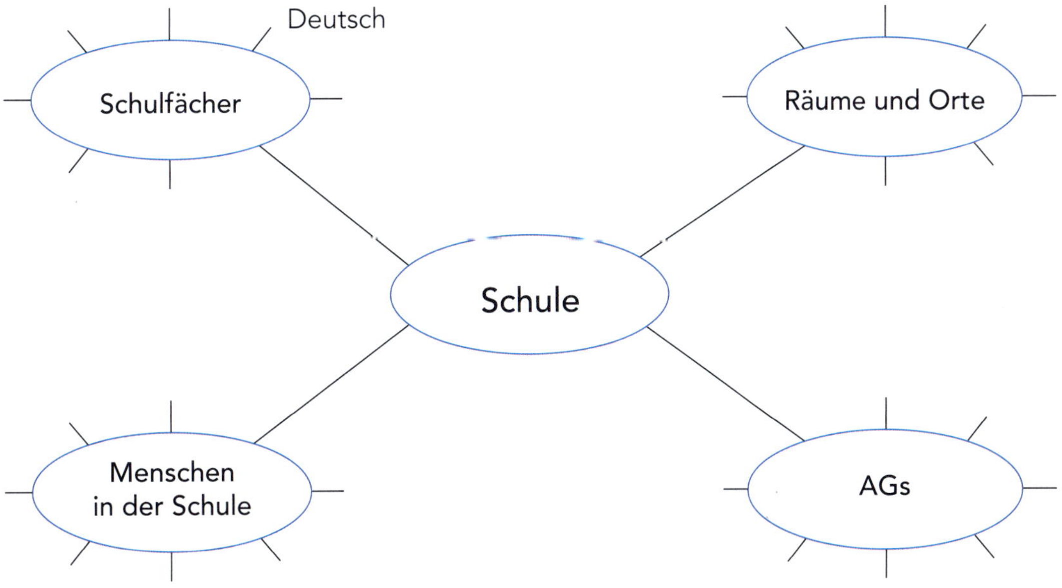

17 Meine Wörter

Welche Wörter sind für dich wichtig? Schreib fünf Wörter auf.

7 Kommst du mit?

1 Wer macht was?

Du hörst fünf Schülerinnen und Schüler in einem Interview. Kreuze die richtigen Antworten an (1 Person = 1 Antwort).

1.25 Was machst du nach der Schule?

	fernsehen	kochen	trainieren	Fahrrad fahren
Text 1	☐	☐	☐	☐
Text 2	☐	☐	☐	☐
Text 3	☐	☐	☐	☐
Text 4	☐	☐	☐	☐
Text 5	☐	☐	☐	☐

2 Ich muss Hausaufgaben machen.

Lies den Text. Muss oder will Miriam das machen? Kreuze an.

Miriam, 11 Jahre: Voll im Stress!
Am Montag gehe ich zum Tanzen. Das ist toll und macht Spaß. Am Dienstag muss ich Sport machen. Das ist wichtig, sagt der Arzt. Am Mittwoch und Freitag gehe ich zum Gitarrenkurs. Das ist langweilig. Aber meine Mutter sagt, das muss ich machen. Am Wochenende habe ich Zeit. Meine Mutter und ich kaufen ein und kochen zusammen. Das ist echt schön. Aber meine Freunde kann ich nur am Donnerstag treffen. Schade!

	müssen	wollen
tanzen	☐	☒
Sport machen	☐	☐
Gitarrenkurs	☐	☐
mit Mutter kochen	☐	☐
Freunde treffen	☐	☐

3 Ich muss? Ich will!

a *Müssen* oder *wollen*?

1. Der Opa von Paul ☒ muss ☐ will das Auto waschen, aber er hat keine Lust.
2. Robbie ☐ muss ☐ will mit Nadja ins Kino gehen, aber sie muss lernen.
3. Jannik will fernsehen, aber er ☐ muss ☐ will ins Bett gehen.
4. ☐ Musst ☐ Willst du mit ins Kino gehen? – Das geht leider nicht. Ich muss Gitarre üben.
5. ☐ Muss ☐ Will Nadja noch Hausaufgaben machen? – Ja, leider.
6. Ich ☐ muss ☐ will ins Schwimmbad gehen. Kommst du mit? – Das geht nicht.
   Ich ☐ muss ☐ will Jannik abholen.

b **Ergänze die Tabelle. Übung 3a hilft dir.**

	müssen	wollen
ich	________	________
du	musst	________
er, sie	________	________
wir	müssen	wollen
ihr	müsst	wollt
sie	müssen	wollen

4 Er und sie – Was ist Liebe?

a **Ordne die Sätze. Achte auf das Verb.**

1. Jannik / fernsehen / wollen — *Jannik will fernsehen.*
2. müssen / Nadja / Flöte üben — ________
3. mit Plato / spazieren gehen / Pia / müssen — ________
4. Frau Müller / wollen / wandern — ________
5. Fußball spielen / Kolja / wollen — ________

b **Schreib fünf Sätze in dein Heft. Wähle Wörter aus jedem Kasten. Die Tabelle in 3b hilft.**

Ich Pia und Paul Wir Du Ihr Plato	kann/muss/will kannst/musst/willst können/müssen/wollen könnt/müsst/wollt	gut am Sonntag am Nachmittag nicht gern lange	das Zimmer aufräumen schlafen Deutsch lernen Gitarre spielen ins Kino gehen schwimmen

Du willst am Sonntag ins Kino gehen.

5 Kommst du mit?

1.26

a **Hör das Gespräch. Was passt? Kreuze an.**

1. ☐
- Donnerstag Zeit?
- Ja.
- Schwimmen?
- Keine Lust.
- Schade.

2. ☐
- Donnerstag Zeit?
- Ja.
- Schwimmen?
- Wann?
- 16 Uhr.
- Super.

b **Schreib das Gespräch in dein Heft. Hör dann das Gespräch noch einmal zur Kontrolle.**

Hast Du am Donnerstag Zeit?

6 Verabredungen

a Ergänze das richtige Wort.

1. ● Willst du heute zu mir kommen? ○ _Ja_, klar. Um wie viel Uhr?
2. ● Kommst du mit ins Kino? ○ Nein, ________ Lust. Ich will fernsehen.
3. ● Hast du morgen Zeit? ○ ________ nicht. Ich muss Mathe lernen.
4. ● Was machst du am Samstag um zwei? ○ Ich weiß ________.
5. ● Spielen wir heute zusammen Tennis? ○ Das ________ nicht, schade.
6. ● Willst du in die Disco gehen? ○ Oh ja, ________! Wann?

~~ja~~ nicht leider keine geht super

b Nadja und Robbie: Ordne das Gespräch. Hör dann zur Kontrolle.

1.27

[1] Ich gehe heute Abend ins Kino. Kommst du mit?

[ ] Schade. Dann frage ich mal Pia. Sie hat Zeit.

[ ] Um 18 Uhr. Ich komme zu dir. Ohne Pia.

[ ] Tut mir leid. Ich muss bei Jannik sein. Meine Eltern wollen ins Kino gehen.

[ ] Klar. Um wie viel Uhr?

[ ] Oh! Dann kommst du mit?

[ ] Pia?? Ich spreche mit meinen Eltern. Dann müssen sie heute zu Hause fernsehen.

7 Ich habe leider keine Zeit.

Welches Verb ist richtig? Korrigiere.

1. Tennis ~~reparieren~~ _spielen_
2. Spaghetti surfen ________
3. das Fahrrad besuchen ________
4. das Zimmer kochen ________

5. Englisch spielen ________
6. im Internet üben ________
7. Klavier aufräumen ________
8. Opa lernen ________

8 Kommst du morgen mit ins Kino?

Viele Freunde wollen mit Tom etwas machen. Was sagt er? Schreib Sätze.

1. ● Tom, ich gehe in die Disco. Kommst du mit? ○ _Nein. Ich kann nicht tanzen._ (– / nicht tanzen können)
2. ● Tom, hast du am Mittwoch Zeit? ○ ________ (– / lernen müssen)
3. ● Willst du mit ins Schwimmbad gehen? ○ ________ (– / nicht schwimmen können)

9 Hobbys

a Was passt zu den Verben? Ergänze.

1. spielen: _Klavier spielen,_
2. fahren: ________
3. gehen: ________
4. machen: ________

~~Klavier~~ • Fahrrad • ins Konzert • Hausaufgaben • Auto • Tennis • Motorrad • ins Theater • Fußball • ins Schwimmbad • Sport • Karten

b Schreib Fragen. Antworte dann für dich.

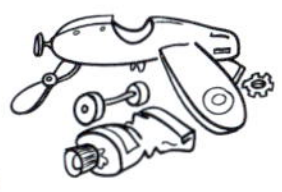

1. reiten: Reitest du? Ich ______
2. Flugzeuge basteln: ______
3. viel fernsehen: ______
4. Fahrrad fahren: ______
5. im Internet surfen: ______
6. Aufkleber sammeln: ______

10 Die Hobby-Statistik

Ordne die Sätze. Achte auf das Verb.

1. Thorsten / sehr gut / Klavier spielen — Thorsten spielt sehr gut Klavier.
2. Robbie / Freunde besuchen / am Dienstag — Am Dienstag ______
3. gern / fernsehen / Mirta — Mirta ______
4. anrufen / Pia / Nadja / oft — Pia ______
5. wollen / Maria / morgen / reiten — Morgen ______
6. Paul / können / nicht / tanzen — Paul ______
7. müssen / Nadja / trainieren / viel — Nadja ______

11 Projekt: Hobbys bei uns im Ort

Welches Hobby macht man wo? Verbinde.

1. Schwimmbad	A	Musik hören, Leute treffen, Cola trinken, tanzen
2. Musikschule	B	Filme sehen, Leute treffen, Popcorn essen
3. Kino	C	Klavier spielen, Gitarre lernen, Konzerte hören
4. Sportverein	D	schwimmen, Leute treffen, trainieren
5. Park	E	Handball spielen, Fußball spielen, Ballett lernen
6. Disco	F	spazieren gehen, essen, Fußball spielen, Fahrrad fahren

12 Meine Hobbys

Robbies Steckbrief: Welche Informationen sind falsch? Streich durch und schreib richtig. Im Kursbuch in Kapitel 6 findest du in Aufgabe 10 Informationen.

Meine Hobbys sind ~~Kochen~~, Sport und Freunde treffen. Ich spiele in einer Band. Ich spiele Flöte. Wir üben oft zusammen. Ich habe eine Freundin. Sie heißt Mirta. Ich treffe sie jeden Mittwoch um zwei. Und am Freitag spiele ich Volleyball.

Meine Hobbys sind Musik, ... ______

13 Beeil dich!

a Was passt zusammen? Schreib A–E auch in deiner Sprache:

				deine Sprache:
1.	*C* Ich will nicht allein trainieren.	A	Lern Englisch!	______
2.	___ Opa will mit dir das Auto waschen.	B	Beeil dich!	______
3.	___ Ich will Suppe kochen.	C	Komm bitte mit!	______
4.	___ Wir sind schon fertig.	D	Ruf Opa an!	______
5.	___ Englisch ist wichtig.	E	Kauf bitte ein!	______

b Wer sagt das? Die Mutter oder das Kind? Ordne die Sätze in die Tabelle.

Keine Lust! • Räum bitte dein Zimmer auf! • ~~Nee, das ist langweilig!~~ • Mach das Essen warm! • ~~Kauf bitte ein!~~ • Jetzt nicht! • Das geht nicht, ich muss erst …! • Mach deine Hausaufgaben! • Komm nicht zu spät nach Hause! • Das kann ich leider nicht! • Steh endlich auf! • Ja, einen Moment.

Mutter:	Kinder:
Kauf bitte ein!	*Nee, das ist langweilig!*
______	______
______	______
______	______
______	______
______	______

c Ergänze.

1. Paul, *räum* ______ (aufräumen) bitte dein Zimmer *auf* und ______ (einkaufen)!
2. ______ (waschen) schnell das Auto! Opa will wegfahren.
3. Ich komme heute später. ______ (machen) das Essen!
4. Was ist das? Paul, ______ (kommen) sofort!
5. Ich kann jetzt nicht, die Suppe kocht. ______ (gehen) bitte ans Telefon!

14 Ruf mich an, komm mit, …

a Schreib freundliche Aufforderungen mit *bitte*.

1. Jannik abholen + bitte — *Bitte hol Jannik ab! Hol bitte Jannik ab!*
2. losfahren + bitte — ______
3. mitkommen + bitte — ______
4. eine Nachricht schreiben + bitte — ______
5. Hausaufgaben machen + bitte — ______

b Hör zur Kontrolle. Sprich die Sätze nach.

1.28

Wörter – Wörter – Wörter

15 In der Freizeit

Welche Wörter passen wo? Schreib die Ausdrücke in dein Heft. Kennst du noch mehr Wörter?

Alpen • der Film • die Musik • das Auto • ~~Computerspiele machen~~ • wandern • reparieren • das Konzert • ~~der Chat~~ • der Computer • das Klavier • die Schuhe • fernsehen • das Pferd • üben • waschen • reiten

1. 

2. 

3. 

4. 

5. 

6. 

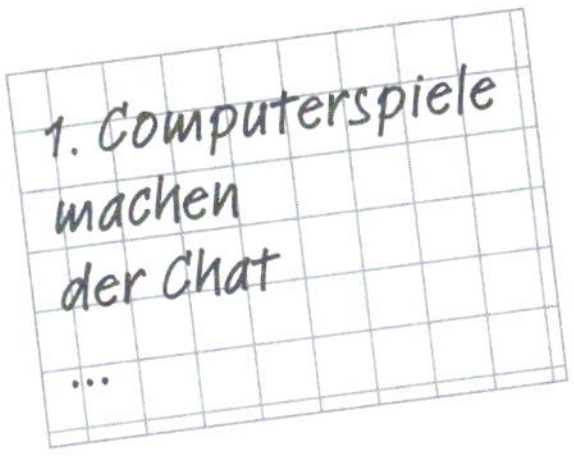

16 Kommst du mit in die Disco?

Schreib die Tabelle in dein Heft. Ordne die Antworten dann in die Tabelle.

Tut mir leid, heute nicht. • Vielleicht. • Ja, toll! • ~~Nein, keine Zeit.~~ • Nein, ich habe keine Lust. • Ja, gern! Wann? • Klar, um wie viel Uhr? • Ich kann leider nicht kommen. • Oh ja, super! • Ich weiß nicht. • Das geht nicht, schade.

☺	😐	☹
		Nein, keine Zeit.

17 Wo sind sie?

Wo sind die Personen gerade? Ordne zu.

1. Mirta sieht einen Film.
2. Marius tanzt.
3. Alex macht Tee und Kakao.
4. Lena hört Musik von einer Band.
5. Michaela schwimmt.

A Er ist im Schulcafé.
B Sie ist im Konzert.
C Sie ist im Kino.
D Sie ist im Schwimmbad.
E Er ist in der Disco.

18 Meine Wörter

Welche Wörter sind für dich wichtig? Schreib fünf Wörter auf.

8 Ich spreche Deutsch

1 Unsere Sprachen

a Such die sieben Sprachen. Ergänze dann die Sätze.

M	T	D	E	U	T	S	C	H	D	E	R	S	C	H
U	D	S	C	H	Ü	I	S	C	H	B	U	C	E	H
T	U	M	R	A	R	U	S	S	I	S	C	H	N	O
F	W	F	I	L	K	H	O	H	N	I	K	A	G	T
T	E	D	C	H	I	N	E	S	I	S	C	H	L	I
P	O	L	N	I	S	C	H	R	A	S	G	E	I	S
Z	T	A	U	M	C	H	G	R	I	E	D	F	S	C
U	Z	S	C	H	H	U	O	P	I	G	U	U	C	H
M	U	I	S	H	S	U	A	H	E	L	I	A	H	U

1. Türkisch spricht man in der Türkei.
2. ______________ spricht man in Deutschland, der Schweiz und Österreich.
3. ______________ spricht man in Großbritannien, Australien und in den USA.
4. ______________ spricht man in Kenia.
5. ______________ spricht man in Russland.
6. ______________ spricht man in China.
7. ______________ spricht man in Polen.

b *Sprechen*: Ergänze die Tabelle.

ich		wir	sprechen
du	sprichst	ihr	sprecht
er/sie/es		sie	

c *Spreche, sprichst, spricht, sprecht* oder *sprechen*?

1. ● Ich spreche Englisch und Deutsch. Welche Sprachen sprichst du?
   ○ Ich ____________ Englisch und Spanisch.

2. ● Welche Sprachen ____________ man in der Schweiz?
   ○ In der Schweiz ____________ man Deutsch, Französisch, Italienisch und Rätoromanisch.

3. ● Frau Huber, ____________ Sie Russisch?
   ○ Nein, ich ____________ kein Russisch.

4. ● Wir kommen aus England. Wir ____________ Englisch. Und ihr? ____________ ihr auch Englisch?
   ○ Nein. Wir kommen aus Portugal und wir ____________ Portugiesisch.

2 Meine Sprachen

a Hör noch einmal Giovanni und Lisa. Richtig oder falsch?

1.29

	richtig	falsch
1. Giovanni kommt aus Italien.	☐	☐
2. Giovanni spricht Italienisch.	☐	☐
3. Giovanni lernt in der Schule Deutsch und Englisch.	☐	☐
4. Lisas Muttersprache ist Deutsch.	☐	☐
5. Lisas Papa kommt aus Russland.	☐	☐
6. Lisa lernt in der Schule Englisch und Latein.	☐	☐

b Schreib einen Steckbrief für deine Sprache(n).

Ich komme aus ____________________ und ich wohne in ____________________.

Ich spreche ______________________________________ und ein bisschen Deutsch.

Meine Muttersprache ist ____________________. In der Schule lerne ich

____________________ und ____________________.

3 Deshalb spricht er Deutsch.

a Was passt?

1. Peter kommt aus England, deshalb …

[A] Englisch er spricht.
[X] spricht er Englisch.
[C] er spricht Englisch.

2. Pia hat Geburtstag, deshalb …

[A] sie macht eine Party.
[B] eine Party macht sie.
[C] macht sie eine Party.

3. Mizuko hat eine Prüfung, deshalb …

[A] lernen sie viel muss.
[B] sie lernen muss viel.
[C] muss sie viel lernen.

4. Mein Fahrrad ist kaputt, deshalb …

[A] muss ich es reparieren.
[B] reparieren ich es muss.
[C] ich muss es reparieren.

b Mach aus zwei Sätzen einen neuen Satz mit *deshalb*. Achte auf die Reihenfolge im Satz. Schreib die Sätze auch in deiner Sprache.

1. Plato ist ein Hund. Er mag keinen Fisch.

Plato ist ein Hund, deshalb mag er keinen Fisch.

deine Sprache: ______________________________

2. Sie muss viel üben. Mizuko hat eine Prüfung.

____

deine Sprache: ______________________________

3. Tom will in den Alpen wandern. Er braucht Schuhe.

____

deine Sprache: ______________________________

4 Abenteuer Schulweg

a Wie heißen die Verkehrsmittel? Ordne zu.

die U-Bahn • ~~der Zug~~ • das Auto • das Fahrrad • zu Fuß

1. *der Zug*
   → viele Personen fahren zusammen
   → man fährt sehr schnell

2. ______________
   → nur eine Person fährt
   → man macht Sport

3. ______________
   → 1–5 Personen fahren zusammen

4. ______________
   → viele Personen fahren zusammen
   → sie fährt in der Stadt

5. ______________
   → man fährt nicht
   → das dauert lange

b Welche Verkehrsmittel kennst du noch?

____

____

c Markiere die Verkehrsmittel in der richtigen Farbe: der = blau, das = grün, die = rot, Plural = gelb. Schreib dann den richtigen Artikel im Dativ. Der Kasten hilft.

1. Kenan reitet mit *dem* Pferd zur Schule.
2. Francesa fährt im Winter mit _______ Schlitten zur Schule.
3. Im Sommer fährt sie mit _______ Auto.
4. Hamid kann mit _______ U-Bahn zur Schule fahren.
5. Konstantin fährt mit _______ Fahrrad zur Schule.
6. Mariam fährt mit _______ Bussen 34 und 38 zur Schule.
7. In Hamburg kann man auch mit _______ Schiff zur Schule fahren.
8. Joyces Schulweg ist kurz. Sie kann zu Fuß gehen oder mit _______ Skateboard fahren.

Dativ

(blau) = dem
(grün) = dem
(rot) = der
(gelb) = den

d Wie lange dauert das? Hör zu und schreib auf. Ordne dann von 1 (= lange) bis 5 (= nicht lange).

1.30

- [ ] Mit dem Zug von Hamburg nach München (800 km): Das dauert ungefähr *6 Stunden*.
- [ ] Mit dem Flugzeug von Vancouver (Kanada) nach Istanbul (Türkei): Das dauert ungefähr _______________.
- [ ] Mit dem Fahrrad um die ganze Welt: Das dauert ungefähr _______________.
- [*1*] Zu Fuß um die ganze Welt: Das dauert ungefähr _______________.
- [ ] Mit dem Flugzeug von Paris (Frankreich) nach London (England): Das dauert ungefähr _______________.

5 Auf dem Weg zur Schule

a Pia oder Robbie?
Markiere die unterstrichenen Wörter in der richtigen Farbe: der = blau, das = grün, die = rot, Plural = gelb. Kreuze dann an.

1. Robbie ist Musiker und das ist ☐ sein ☐ seine CD.
2. Pia mag Paul. Deshalb ist das ☐ ihr ☐ ihre Freund.
3. Die Katze ist von Pia. Deshalb ist das ☐ ihr ☐ ihre Katze.
4. Robbie läuft am Freitag. Das sind ☐ sein ☐ seine Schuhe.
5. Der Stift ist von Pia. Das ist ☐ ihr ☐ ihre Stift.
6. Und der Brief? Der Brief ist von Robbie. Das ist ☐ sein ☐ seine Brief.

sein und ihr
(rot) + -e
(gelb) + -e

b Schreib wie im Beispiel.

1. Das ist das Fahrrad von Resa. *Das ist ihr Fahrrad.*
2. Das ist der Schlitten von Francesca. ____________
3. Das ist das Auto von Marc. ____________
4. Das ist die Lehrerin von Max. ____________
5. Das sind die Schuhe von Paul. ____________
6. Das ist der Hund von Grace. ____________

c Wie ist das in deiner Sprache? Übersetze. Was ist anders als im Deutschen?

1. Das ist Max. Das ist seine Oma. ____________
   Das ist Maria. Das ist ihre Oma. ____________
2. Das ist Max. Das ist sein Opa. ____________
   Das ist Maria. Das ist ihr Opa. ____________

6 Mit Punkten oder ohne?

1.31

Hör zu und ergänze die fehlenden Wörter. Lies die Sätze dann laut.

1. Du liest in der *Schule* ____ ein ____ und machst ____.
2. Ich ____ Französisch in ____.
3. Die ____ müssen für die ____ in Türkisch ____.
4. Wo ist das ____ mit der ____ aus ____?
5. Am Donnerstag ____ wir in die ____ gehen, das ist ____!
6. Der ____ von Frau Müller ____ nur im ____.

7 Ein E-Mail-Austausch im Deutsch-Unterricht

a Schreib einen Steckbrief für dich in dein Heft.

Name:	Schule:
Wohnort:	Lieblingsfach:
Alter:	Hobbys:
Klasse:	Sprachen:

P b Lies noch einmal Marias E-Mail im Kursbuch (Aufgabe 7a) und schreib eine Antwort an Maria. Schreib circa 30 Wörter. Antworte auf ihre Fragen. 7a hilft.

Liebe Maria,

vielen Dank für deine E-Mail. Ich heiße ____________ und ich komme aus ____________.

Ich bin ____

____

____

____

____

____

____

c Auch Eric will Maria schreiben. Er braucht Hilfe. Schreib seine Sätze richtig.

Hallo Maria,
Ich heißen Eric und ich komme in Bari.
Das ist in Italien.
Ich bin 12 Jahre alt und ~~Italien~~ ist mein _ (!) Muttersprache.
In ~~die~~ Schule ich lerne Englisch und Deutsch. englisch
ist mein Lieblingsfach. Deutsch ist ein bisschen shwer.
Meine Hobbys ~~ist~~ reiten und hören Musik.

Schreib mir bald!

Viele Grüße
Eric

____

____

____

____

____

____

____

____

8 Projekt: Austausch-Klasse gesucht

Dein Traum-E-Mail-Partner: Wie soll er sein? Fülle den Fragebogen aus.

1. Woher kommt dein E-Mail-Partner?
   ______________ oder ______________
2. Wie alt ist er/sie? ______________ Jahre
3. ☐ Mädchen ☐ Junge
4. Welche Sprachen spricht er/sie? ________
   ____
   ____
5. Welche Themen sind interessant?
   ☐ Familie ☐ Hobbys ☐ Musik
   ☐ Schule ☐ Freizeit ☐ Bücher, Filme
   ☐ Sprachen ☐ ______________

Wörter – Wörter – Wörter

9 Länder und Sprachen

Schreib das richtige Land oder die richtige Sprache.

	Land	Sprache
1.	Frankreich	*Französisch*
2.		Türkisch
3.	Italien	
4.		Englisch
5.	Deutschland, Österreich, die Schweiz	
6.	Spanien	
7.		Polnisch
8.	Russland	

10 Verkehrsmittel

Wie kann man in die Schule und nach Hause kommen? Schreib unter das Bild.

1. *mit dem Auto*

3. ____________

5. ____________

2. ____________

4. ____________

6. ____________

11 Wörterschlange

Erkennst du die Wörter? Schreib sie mit Artikel in dein Heft.

SCHWESTER/QUIZMASCHINEKONZERTCOMPUTERSPIELPRÜFUNGSCHNEE

die Schwester

12 Meine Wörter

Welche Wörter sind für dich wichtig? Schreib fünf Wörter auf.

____

1 Wortschatz: Die Wortliste verstehen

a Lies die Wortliste und löse die Aufgaben.

1. Wie ist der Plural? Kreuze an.

a das Schwimmbad
- ☐ die Schwimmbäder
- ☐ die Schwimmbaden
- ☐ die Schwimmbäde

b das Zimmer
- ☐ die Zimmers
- ☐ die Zimmere
- ☐ die Zimmer

c der Sportplatz
- ☐ die Sportplätze
- ☐ die Sportplätzen
- ☐ die Sportplatze

2. Welche Verben sind trennbar? Kreuze an.
- ☐ besuchen
- ☐ fernsehen
- ☐ aufräumen
- ☐ weiterschreiben
- ☐ anfangen

3. Wo ist der Wortakzent? Unterstreiche.

a waschen
b trainieren
c fernsehen
d Konzert
e Tennis

4. Spricht man den Vokal lang oder kurz? Kreuze an.

	lang	kurz
a waschen	☐	☐
b trainieren	☐	☐
c fernsehen	☐	☐
d Disco	☐	☐
e schade	☐	☐

Seite 47

die Geschichte, -n ______
(die Geschichte von Nadia)
der Hamburger, –  ______
mit|kommen ______
nie (Du hast nie Zeit!) ______
lang ↔ kurz ______

Seite 48

klein  ______
nett ______
der Sportplatz, -plätze ______
der Hausmeister, – ______
präsentieren ______
der **Besuch**, -e ______
(Besuch bekommen)
lecker (Das Essen ist lecker.) ______

Seite 50

waschen (Er wäscht das Auto.) ______
trainieren  ______
die Alpen (Pl.) ______
wandern  ______
das **Kino**, -s ______
fernsehen  ______
wollen (Paul will fernsehen.) ______

Seite 51

das **Schwimmbad**, -bäder ______
die Lücke, -n ______
(Ergänzt die Lücken!)
ganz (den ganzen Tag) ______
das **Zimmer**, – ______
auf|räumen  ______

b Mach einen Test für deinen Partner / deine Partnerin: Schreib die Übungen 1 bis 4 aus 1a neu. Arbeite mit Wörtern aus der Wortliste aus Kapitel 8. Tauscht dann eure Testfragen und löst die Aufgaben.

2 Wortschatz: Wortkärtchen machen

a Was steht auf den Kärtchen? Ordne zu.

~~das Wort auf Deutsch~~ • ein Bild • ein Satz mit dem Wort • das Nomen im Plural • die Übersetzung

das Fahrrad,	bicycle (bike),
die Fahrräder	bicycles
Ich fahre mit dem Fahrrad in die Schule.	I go to school by bicycle.

das Wort auf Deutsch

b Schreib Wortkärtchen wie in den Beispielen zu sieben Wörtern aus Kapitel 8. Schreib auf der Rückseite die Übersetzung in deiner Sprache.

ansehen, er sieht an	guardare, (lui) guarda
Ich sehe einen Film an.	Guardo un film.

c Lerne die Wörter.

Lies das Wort und den Beispielsatz in deiner Sprache. • Wie heißt das Wort und der Satz auf Deutsch? • Lies dann die Rückseite und kontrolliere. • Lerne die Wörter, bis du alle auf Deutsch sagen kannst.

9 Meine Freunde und ich

1 Mädchen!

2.1

a Wer macht das? Hör zu und kreuze an.

	Mädchen	Jungen
1. Sie essen gern Eis und gehen spazieren.	☐	☐
2. Sie spielen in der Schulband.	☐	☐
3. Sie spielen Fußball und Tennis.	☐	☐
4. Sie reiten und machen Fotos.	☐	☐
5. Sie fahren Skateboard.	☐	☐

b Hör noch einmal und ordne zu.

1. _B_ Karin und ihre Freundin
2. ___ Die Vancouver-Groover
3. ___ Jonas und sein Freund
4. ___ Zottel und Polli
5. ___ Lukas und seine Schwester

A müssen noch viel üben.
B essen Eis im Park.
C machen Musik.
D machen viel Sport.
E sind keine Schüler.

2 Das Tagebuch von Pia

a *Und* oder *aber*? Was passt?

1. Ich rufe meine Freundin immer an _und_ sie besucht mich oft.
2. Er heißt Carlos ________ kommt aus Spanien.
3. Du findest das Lied total schön, ________ ich finde das Lied langweilig.
4. Anna lernt Deutsch ________ sucht eine E-Mail-Freundin.
5. Wir gehen gern zur Schule, ________ Hausaufgaben sind doof.

b Ergänze die Sätze. Achte auf die Satzstellung.

1. aber / gut / ich / Fußball spielen
   Ich kann nicht singen, _aber ich spiele gut Fußball._
2. aber / kaputt / die CD / sein
   Wir wollen Musik hören, ____________________
3. aber / haben / ich / keine Lust
   Ich muss jetzt Klavier üben, ____________________
4. aber / zu Hause / sein / sie / nicht
   Er ruft seine Freundin an, ____________________
5. aber / keine Zeit / sie / haben
   Ihr wollt am Wochenende Freunde besuchen, ____________________

3 Deine Freunde und du

a Sortiere die Wörter von 0 % bis 100 %.

manchmal • nie • oft • immer

0 % → 100 %

________ ________ ________ ________

b Wie oft machst du das? Benutze die Wörter aus 3a.

1. *Ich lese manchmal Comics.* (Comics lesen)
2. ________ (Fahrrad fahren)
3. ________ (Deutsch lernen)
4. ________ (schwimmen gehen)
5. ________ (die Hausaufgaben vergessen)
6. ________ (Freunde treffen)
7. ________ (Hamburger essen)

4 Projekt: Umfrage „Was machst du mit deinen Freunden?"

2.2

a Hör die drei Nachrichten auf der Mailbox. Was ist richtig? Kreuze an.

P

Gespräch 1

1. Wo ist Laura?
- Laura reitet oder macht Musik. [X]
- Laura ist bei Julian. [ ]
- Laura ist in der Schule. [ ]

2. Wann kann Laura Julian anrufen?
- In der Schule. [ ]
- Am Nachmittag. [ ]
- Am Abend. [ ]

Gespräch 2

3. Wo trifft sich Patrik mit seinen Freunden?
- Bei Kai zu Hause. [ ]
- Bei Patrik zu Hause. [ ]
- Im Internet. [ ]

4. Wann treffen sich die Freunde?
- Heute Nachmittag. [ ]
- Um 22 Uhr. [ ]
- Um 19 Uhr. [ ]

Gespräch 3

5. Was möchte Anna am Wochenende machen?
- Einen Film sehen. [ ]
- Jonas helfen. [ ]
- Ein Video machen. [ ]

6. Wo treffen sich Anna und Jonas morgen?
- In einer AG. [ ]
- Bei Anna zu Hause. [ ]
- Bei Jonas zu Hause. [ ]

b Wie heißen die Geräte in deiner Sprache?

	deine Sprache:		deine Sprache:
1. das Handy	______	5. das Tablet	______
2. das Smartphone	______	6. das Computerspiel	______
3. der Computer	______	7. die Digitalkamera	______
4. das Notebook	______	8. der Fernseher	______

5 Das Lied von Robbie

a Wie ist das? Ordne zu.

☺	☹
schön	

~~schön~~ • dumm • romantisch • traurig • interessant • langweilig • cool • nett

b Markiere die Wörter in der Klammer in der richtigen Farbe: der = blau, das = grün, die = rot, Plural = gelb. Welches Nomen passt in den Satz? Ergänze.

1. (Frau – Hund – Baby) Siehst du den *Hund* ______?
2. (Katzen – Aquarium – Opa) Wer sieht die ______?
3. (Motorrad – Auto – Zug) Die Oma sieht den ______.
4. (Schuh – Schüler – Auto) Wir sehen das ______.
5. (Fenster – Baum – Oma) Ihr seht den ______.
6. (Kind – Blume – Bild) Du siehst die ______.

6 Komisch ...

a Was ist richtig? Kreuze an und schreib dann Sätze.

1. trinken
   - die Cola → der Schüler ☐ ~~______~~
   - der Schüler → die Cola ☒ *Der Schüler trinkt die Cola.*
2. suchen
   - der Hund → das Mädchen ☒ *Der Hund sucht ...*
   - das Mädchen → der Hund ☒ *Das Mädchen ...*
3. lieben
   - der Rockstar → die Fans ☐ ______
   - die Fans → der Rockstar ☐ ______
4. essen
   - das Kind → der Hamburger ☐ ______
   - der Hamburger → das Kind ☐ ______
5. besuchen
   - der Opa → der Freund ☐ ______
   - der Freund → der Opa ☐ ______
6. machen
   - die Hausaufgaben → die Schüler ☐ ______
   - die Schüler → die Hausaufgaben ☐ ______

b Ergänze die Artikel.

1. ● Suchst du bitte *den* ___ Hund? ○ Warum? ___ Hund ist hier.
2. ● ___ Computer ist kaputt. ○ Ich repariere ___ Computer morgen.
3. ● Wo ist ___ Knochen? ○ Plato hat ___ Knochen.
4. ● ___ Buch ist super. ○ Ja? Dann kaufe ich ___ Buch.
5. ● ___ Lehrerin sucht ___ Schüler von Klasse 7a. ○ Echt? ___ Schüler sind im Klassenzimmer.
6. ● Isst du ___ Hamburger? ○ Nein, ich esse ___ Pizza.

c Schreib Sätze. Achte auf den Akkusativ und die Satzstellung.

1. die Sätze / korrigieren / die Schüler — *Die Schüler korrigieren die Sätze.*
2. der Lehrer / erklären / der Akkusativ — ___
3. das Wort / er / markieren — ___
4. die Schülerin / der Text / schreiben — ___
5. die Dialoge / spielen / die Schüler — ___

7 Siehst du …?

2.3

Was sehen Michael und Lisa? Ergänze die Artikel im Akkusativ. Hör dann das Gespräch und korrigiere.

● Toll! Hier oben kann man *die* ___ (1) Stadt gut sehen! Du, Michael, siehst du ___ (2) Supermarkt?

○ Ja, klar! Da läuft ein Hund. Siehst du ___ (3) Hund?

● Ach, ist der süß! Jetzt ist er weg. Hey, Michael, siehst du ___ (4) Hof? Da ist ein Kind. Es ist traurig.

○ Wo? Ich sehe ___ (5) Kind nicht. Ach da.

● Und da im Park. Siehst du ___ (6) Leute?

○ ___ (7) Mann und ___ (8) Frau?

● Ja, genau. Sie gehen zusammen spazieren. Ich glaube, sie sind verliebt. Wie romantisch!

○ Lisa? Siehst du ___ (9) Blume?

● Hä? ___ (10) Blume? Es gibt so viele Blumen!

○ Hier ist die Blume.

● Oh, danke! Die ist ja schön!

8 Satzakzent

Wo ist der Akzent? Hör die Sätze, markiere dann und sprich nach.

2.4

1. die Antworten.	ergänzt die Antworten.	Ihr ergänzt die Antworten.
2. den Dialog.	üben den Dialog.	Wir üben den Dialog.
3. den Akkusativ.	lernen den Akkusativ.	Die Schüler lernen den Akkusativ.
4. den Satz.	schreibt den Satz.	Die Lehrerin schreibt den Satz.
5. das Lied.	hören das Lied.	Wir hören das Lied.
6. den Text.	lesen den Text.	Die Schüler lesen den Text.

9 Im Fan-Forum

a Hör die zwei Gespräche und kreuze an: richtig oder falsch?

2.5

Gespräch 1	richtig	falsch
1. Mara und Lina sehen im Fernsehen den Musiksender Viva.	☒	☐
2. Mara und Lina wünschen sich ein Lied von Helene Fischer.	☐	☐
3. Mara ist ein bisschen in Harry von One Direction verliebt.	☐	☐
Gespräch 2		
1. Timo findet Cro super.	☐	☐
2. Matthias ist ein Fan von Rihanna, Katy Perry und Sarah Connor.	☐	☐
3. Matthias findet die Musik von Timo nicht gut.	☐	☐

b Wie ist das? Schreib Sätze. Schreib die Sätze auch in deiner Sprache.

genial • nicht gut • super • doof • nicht so toll • sehr gut • blöd • toll

deine Sprache:

1.  Schwimmen finde ich toll. ______ ______
2.  Wandern ist ______ ______
3.  Hausaufgaben machen ______ ______
4.  Musik hören ______ ______
5.  Videos sehen ______ ______
6.  Das Zimmer aufräumen ______ ______

Wörter – Wörter – Wörter

10 Musik

Such zwölf Wörter zum Thema Musik. Notiere auch die Artikel. Wie heißen die Wörter deiner Sprache?

E	R	C	L	B	X	W	F	A	N	V	A
S	E	D	I	S	C	O	B	M	Ü	Ä	L
G	G	S	E	Q	X	B	M	U	F	A	R
I	H	G	D	B	A	N	D	S	Z	H	M
T	X	V	C	K	L	A	V	I	E	R	S
A	Y	M	N	Ä	R	Ö	B	K	X	A	T
R	K	O	N	Z	E	R	T	E	Q	P	A
R	Q	Y	X	C	V	B	N	R	E	R	R
E	M	U	S	I	K	S	C	H	U	L	E

die Band, ______________________________

____

deine Sprache: ______________________________

____

11 Buchstabensalat

Wie heißen die Wörter? Ergänze auch die Artikel.

1. meBul *die Blume*
2. oHf ______________
3. teLeu ______________
4. sternFe ______________
5. rPka ______________
6. umaB ______________

12 Wie ist das?

Welches Wort passt? Wähl aus.

1. Paula sieht einen Film an. Sie findet den Film *lustig* (verliebt, lustig).
2. Rafael chattet gern. Er findet chatten ______________ (langweilig, toll).
3. Karin ist heute allein. Deshalb ist sie ______________ (traurig, blöd).
4. Jens ist verliebt. Er findet Jessica ______________ (dumm, schön).
5. Das ist Wuschel. Alle Kinder mögen den Hund. Er ist total ______________ (süß, romantisch).
6. Der Lehrer von Klasse 8c ist neu. Wir finden den Lehrer ______________ (sympathisch, schnell).

13 Meine Wörter

Welche Wörter sind für dich wichtig? Schreib fünf Wörter auf.

______________ ______________

10 Meine Familie und ich

1 Mein Geburtstag

a Schreib die Wörter aus dem Kasten an die richtige Stelle.

~~die Familie~~ • das Geburtstagskind • die Geschenke • der Kuchen • der Kakao • die Schulfreunde • die Party • die Großeltern • das Geburtstagslied

A

B

C

1. die Familie
2. ______
3. ______
4. ______
5. ______
6. ______
7. ______
8. ______
9. ______

b Was passt zusammen? Verbinde.

1. C eine Party — A bekommen
2. ___ Kaffee — B singen
3. ___ Kuchen — C feiern
4. ___ Geschenke — D trinken
5. ___ ein Lied — E essen
6. ___ zum Geburtstag — F gratulieren

c Sophies Geburtstag. Was ist richtig? Kreuze an.

1. Die Freundinnen ☐ feiert ☒ feiern eine Party.
2. Die Familie ☐ singt ☐ singen ein Lied.
3. Die Großeltern ☐ trinkt ☐ trinken Kaffee.
4. Sophie ☐ bekommt ☐ bekommen Geschenke.
5. Sophie und ihre Freundinnen ☐ tanzt ☐ tanzen.
6. Die Großeltern von Sophie ☐ isst ☐ essen Kuchen.

2 Alles Gute zum Geburtstag!

Wie gratuliert man zum Geburtstag? Notiere.

li Glück er chen wunsch ~~Herz~~ viel Zum Ge Glück tag Fei burts schön

1. Herz______! 2. ______! 3. ______!

3 Wann hast du Geburtstag?

Wie heißen die Monate? Schreib sie zur richtigen Jahreszeit in die Tabelle.

Jun. • Feb. • Nov. • Mai • Jan. • Okt. • ~~Mär.~~ • Aug. • Dez. • Apr. • Jul. • Sept.

Frühling	Sommer	Herbst	Winter
März			

4 -er am Wortende

2.6

Wo hörst du *-a*? Wo hörst du *-er*?

1. *a*
2. *er*
3. ______
4. ______
5. ______
6. ______
7. ______
8. ______
9. ______
10. ______
11. ______
12. ______

5 Geburtstagslieder

a Sieh die Bildgeschichte genau an. Ordne dann die Texte 1 bis 6.

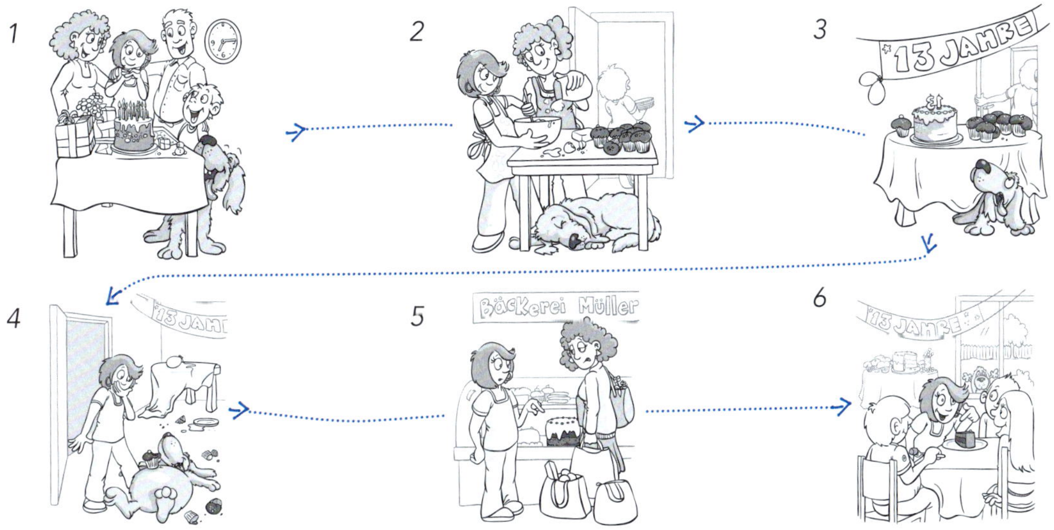

☐ Alles ist fertig. Die Gäste können kommen! Marie macht die Tür zu. Dann ist Max allein.

☐ Jetzt ist Marie mit ihrer Mutter im Geschäft. Sie kaufen Schokolade und auch eine Torte.

[*1*] Marie hat heute Geburtstag. Sie bekommt Geschenke und einen Geburtstagskuchen. Ihre Familie singt ein Lied für sie.

☐ Max ist glücklich und schläft. Der Kuchen ist nicht mehr da und der Tisch sieht schrecklich aus.

☐ Marie und ihre Mutter sind in der Küche. Sie machen Kuchen für die Party. Ihr Hund Max schläft.

☐ Dann sind die Freunde da. Alles ist gut und die Party geht los. Nur Max ist traurig, er ist nicht dabei.

b Hör die zwei Geburtstagslieder. Wie heißen die Texte?

2.7

Zum ~~Viel~~ Glück und Glück viel Gesundheit Geburtstag viel und

1. *Viel* ________ ________ ________ Segen, auf all deinen Wegen, ________ ________ Frohsinn sei auch mit dabei.
2. ________ ________ ________ ________!

6 Überraschung! Ein Geschenk für Kolja

Was wollen die Freunde Kolja schenken? *Einen/ein/eine/ –* …?

1. das Geschenk: Haben die Freunde *ein Geschenk* für Kolja?
2. die CD: Schenken sie Kolja ________?
3. das Computerspiel: Bekommt Kolja ________?
4. der Computer: Wollen die Freunde ________ kaufen?
5. die Karten für das Fußballspiel: Oder kaufen sie lieber ________?

7 Geschenke

a Was kann man schenken? (Akkusativ nicht vergessen!)

~~eine CD~~ • ein Fußball • ein Buch • ein Film • eine Party

1. Annie mag Musik. Man kann Annie *eine CD* schenken.
2. Jan geht gern ins Kino. Man kann Jan ________ schenken.
3. Esther und Valerie tanzen gern. Man kann Esther und Valerie ________ schenken.
4. Stefan mag Sport. ________
5. Enya liest viel. ________

b Keine CD, keinen Fußball, kein Computerspiel!

1. Sie mag keine Musik. Bitte *keine CD* schenken!
2. Er geht nicht gern ins Kino. Bitte ________ schenken!
3. Sie tanzen nicht gern. Bitte ________ schenken!
4. Er mag keinen Sport. Bitte ________ schenken!
5. Sie liest nicht viel. Bitte ________ schenken!

c Was wollen die Personen? Schreib Sätze mit *kein, keine, keinen* und *lieber.*

1. 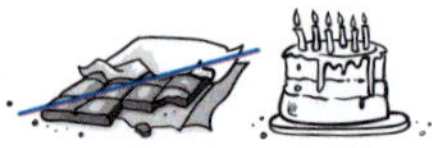 Nadja will *keine Schokolade. Sie will lieber eine Geburtstagstorte.*
2. 

Paul will ________
3.  Kolja will ________
4. 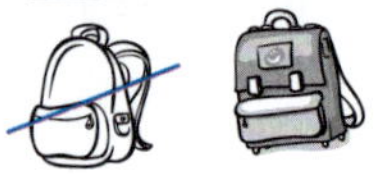 Pia will ________

8 Meine Familie

a Lies noch einmal das Gedicht im Kursbuch (Aufgabe 8a). Wer ist das?

1. Er hat im Mai Geburtstag: mein Bruder Kai
2. Er hat im Herbst Geburtstag: ______
3. Sie isst gern Fisch: ______
4. Sie bekommt ein Pferd: ______
5. Er heißt Bill: ______
6. Sie hat im Sommer Geburtstag: ______

b Lies und korrigiere dann den Text.

Tante Grit, Lehrerin

1. Charlotte erzählt: „Ich habe ~~einen Onkel~~ eine Tante. ~~Er~~ ______ heißt Grit. Tante Grit wohnt in Hamburg, in ~~Österreich~~ ______. Sie ist ~~Sportlerin~~ ______ von Beruf. Ihr Hobby ist ~~Klavier spielen~~ ______."

Onkel Fritz, Arzt

2. Kai erzählt: „Ich habe ~~eine Tante~~ ______. ~~Sie~~ ______ heißt Fritz. Onkel Fritz hat im Januar Geburtstag, im ~~Sommer~~ ______. Er ist ~~Physiker~~ ______ von Beruf. Sein Hobby ist ~~Auto~~ ______ fahren."

c Marian erzählt: „Meine Schwester Jolanta …" Schreib Sätze.

1. haben / Schwester / ich
   Ich habe eine Schwester.
2. Jolanta / heißen / sie
   ______
3. 17 Jahre / sein / alt / sie
   ______
4. sie / zur Schule / gehen
   ______
5. ihr Hobby / Tennis spielen / sein
   ______
6. eine Katze / sie / wollen
   ______

d Wie heißen die Personen in deiner Sprache?

1. die Oma ______
2. der Opa ______
3. die Großeltern ______
4. die Eltern ______
5. die Mutter ______
6. der Vater ______
7. die Schwester ______
8. der Bruder ______
9. die Geschwister ______
10. die Tante ______
11. der Onkel ______

9 Tiere in der Familie

a Was passt nicht? Streich das falsche Wort durch.

1. Fisch:	schwimmen	fressen	bellen
2. Pferd:	singen	schnell laufen	Gras fressen
3. Hund:	bellen	fliegen	Ball spielen
4. Katze:	Milch trinken	schlafen	Rad fahren
5. Papagei:	schreiben	fliegen	sprechen
6. Hamster:	schlafen	Fische fressen	laufen

b Was passt? Ergänze *der, den, das, die, einen, ein, eine* oder keinen Artikel.

1. Inga hat _ein_ Pferd. Sie mag ______ Pferde sehr! Und sie kann gut reiten. ______ Pferd von Inga ist elf Jahre alt. Es ist schwarz und heißt Lakritz.
2. Tom hat ______ Hund. Nina hat auch ______ Hund. ______ Hund von Tom heißt Oskar, ______ Hund von Nina heißt Carlo. Nina, Tom, Oskar und Carlo haben ______ Hobby: Sie laufen gern und lange.
3. Jana und Annika finden ______ Tiere toll. Deshalb haben sie ______ Katze, ______ Hamster und ______ Fische. ______ Katze von Jana und Annika mag auch ______ Fische ...
4. Julius will ______ Papagei kaufen, aber seine Eltern finden ______ Papageien nicht so toll.

10 Mein Lieblingstier

2.8 **Hör die Nachricht und ordne die Zahl zu.**

1. _E_ Russland	A 3 Millionen
2. ____ Italien	B 8 Millionen
3. ____ Österreich	C 15 Millionen
4. ____ Schweiz	D 30 Millionen
5. ____ Polen	E 45 Millionen

11 Projekt: Infokarte „Unser Haustier"

2.9 **Hör zu. Schreib dann zwei Steckbriefe. Der Kasten hilft.**

~~Das ist mein Hund.~~ • Meine Familie hat zwei Hamster. • Struppi geht gern mit mir spazieren. • Er heißt Struppi. • Aber ich finde Hamster blöd. • Er liebt Eis! • Ich mag Pferde viel lieber. • Er ist sechs Jahre alt.

1. _Das ist mein Hund._
______
______
______
______

2. ______
______
______
______
______

Wörter – Wörter – Wörter

12 Wer aus meiner Familie ist das?

a Beantworte die Fragen.

1. Wer ist die Mutter von meiner Mutter? Das ist *meine Großmutter / meine Oma.*
2. Wer ist der Bruder von meinem Vater? ______________________
3. Wer sind der Sohn und die Tochter von meiner Mutter? ______________________
4. Wer ist die Schwester von meiner Mutter? ______________________
5. Wer ist der Sohn von meinem Vater? ______________________
6. Wer sind die Eltern von meinem Vater? ______________________

b Schreib noch mehr Fragen in dein Heft. Dein Partner / Deine Partnerin antwortet.

13 Fantasie-Tiere

a Welcher Fantasie-Name passt zu welchem Fantasie-Tier?

Pferdekatze • Papageienhamster • Papageienhund • ~~Fischhamster~~ • Katzenfisch • Hundepferd

1. *der Fischhamster*

2. ______________________

3. ______________________

4. ______________________

5. ______________________

6. ______________________

b Hast du noch mehr Ideen für Fantasie-Tiere? Mal und schreib in dein Heft.

14 Meine Wörter

Welche Wörter sind für dich wichtig? Schreib fünf Wörter auf.

____

11 In der Stadt

1 Beim Einkaufen

a Woher kommen die Tüten? Schreib unter die Tüte.

1

2

3

4

Supermarkt ______ | ______ | ______ | ______

b Was kauft man wo? Schreib in dein Heft.

Im Supermarkt kauft man Eier, Milch, ...
Auf dem Markt ...

c Wo kann man noch einkaufen? Schreib noch mehr Sätze wie in 1b.

2 30 Euro Taschengeld

2.10

a Was kosten die Sachen? Hör zu und schreib die Preise unter die Fotos.

1. *10,95* ______
2. ______
3. ______

4. ______
5. ______
6. ______

b Schreib Sätze mit den Preisen von 2a in dein Heft.

1. Das Buch kostet 10,95 Euro.

3 Wie viel kostet …?

a Wer sagt das? Der Verkäufer (V) oder der Kunde (K)?

1. Kann ich helfen? [V]
2. Es kostet 19 Euro und 99 Cent. [ ]
3. Ich suche ein Wörterbuch Deutsch-Italienisch. [ ]
4. Die Kasse ist dort. [ ]
5. Wörterbücher findest du hier. [ ]
6. Danke. Wie viel kostet das Buch hier? [ ]
7. Ich nehme es. Wo kann ich bezahlen? [ ]

b Ordne den Dialog in 3a. Schreib ihn richtig in dein Heft. Hör zur Kontrolle.

2.11

V: Kann ich helfen?

4 Essen in der Stadt

a Ordne die Wörter in die Tabelle.

~~das Mineralwasser~~ • der Tomatensaft • der Tee • ~~der Salat~~ • die Gemüsesuppe • die Pizza • die Cola • der Hamburger • der Kakao • die Milch • der Apfelkuchen • der Kaffee • das Brot • die Banane • das Brötchen • die Kartoffel • das Fleisch • der Fisch • der Käse • die Tomate • die Orange

Das kann man essen.	Das kann man trinken.
der Salat, …	*das Mineralwasser, …*

b Bestell im Café etwas aus der Tabelle in 4a. Schreib fünf Sätze in dein Heft. Die zwei Kästen helfen.

Ich möchte …
Für mich bitte …
…, bitte.

ein Glas …
eine Tasse …
eine Flasche …
ein Stück …
einen/ein/eine …

1. Ich möchte ein Stück Pizza und ein Glas Cola.
2. Für mich bitte einen Hamburger und eine Tasse
…

5 Was magst du?

a Was mögen die Personen (nicht)? Schreib in dein Heft. Der Kasten hilft.

mag • mag keinen/kein/keine • isst gern • isst nicht so gern • liebt

1. Nadja 2. Plato 3. Pia

☺ ☹

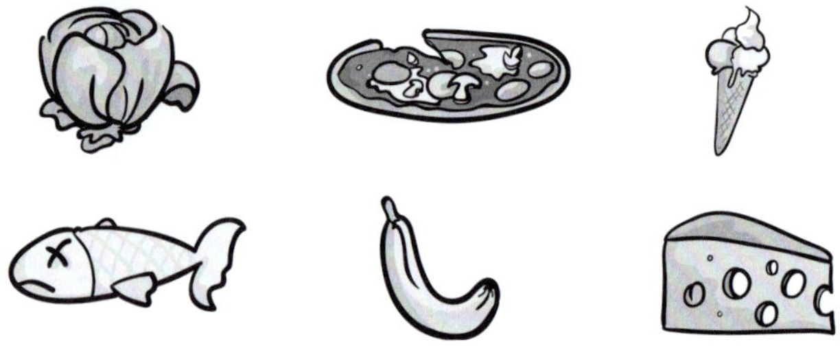

Nadja mag ...
Sie isst nicht so gern ...

b Und du? Was magst du? Schreib drei Sätze.

6 Pia und Paul kochen.

a Was passt? Kreuze an.

		Liter	Gramm	Flasche	Glas	Tasse	Stück
1.	Milch	x		x	x	x	
2.	Zucker						
3.	Kuchen						
4.	Mineralwasser						
5.	Tee						
6.	Pizza						

b Was haben die Personen schon? Was brauchen sie noch? Schreib auf.

1.
1 l Milch
1 kg Bananen
1 kg Mehl
500 g Fleisch

Sie haben schon einen Liter Milch und ein Kilogramm Bananen.
Sie brauchen noch ...

2.
250 g Mehl
6 Eier
1 kg Zucker
2 Flaschen Wasser

3.
2 kg Kartoffeln
250 g Butter
1 Brot
2 l Milch

7 Im Supermarkt

Setz den richtigen Artikel ein, wo nötig. Prüfe dann die Zutaten. Eine Zutat in jedem Satz ist falsch. Streich durch.

1. Für *einen* Apfelkuchen braucht man Äpfel, ~~Salat~~, Mehl und Zucker.
2. Für ______ Pizza braucht man Mehl, Wasser, Tomaten und Äpfel.
3. Für ______ Bananeneis braucht man Bananen, Milch und Orangen.
4. Für ______ Pommes braucht man Kartoffeln und Käse.
5. Für ______ Hamburger braucht man Brötchen, Fleisch, Salat und Fisch.
6. Für ______ Spaghetti Bolognese braucht man Kartoffeln, Spaghetti und Tomaten.
7. Für ______ Kakao braucht man Milch, Eier und Schokolade.

8 Projekt: Unser Lieblingsgericht

Was brauchst du dafür?

1. 

Für das Gesicht braucht man ein Brötchen, ______

______

______

______

______

2. 

Für den Igel braucht man ______

______

______

______

______

3. 

Für den Fisch ______

______

______

______

______

9 p – b, t – d, g – k

a Was hörst du? Kreuze an.

2.12

1. packen ☐ backen ☒
2. Opa ☐ Ober ☐
3. Karten ☐ Garten ☐

4. danken ☐ tanken ☐
5. Tee ☐ D ☐

b Hör alle Wörter und sprich nach.

2.13

c Hör die Sätze und ergänze den richtigen Buchstaben.

2.14

1. b oder p? Ich esse ___izza mit ___ia im Schwimm___ad.
2. d oder t? Pla___o feier___ in ___eutschland Geburts__ag.
3. g oder k? Wir sa___en „___uten Tag" zu ___urt und ___erd.

d Schreib Wörter mit p – b, t – d und k – g in deiner Sprache. Spricht man p – b, t – d und k – g in deiner Sprache gleich, ähnlich oder ganz anders?

p: ______________ t: ______________ k: ______________

b: ______________ d: ______________ g: ______________

10 Stationen

a Welche zwei Antworten passen? Kreuze an.

1. Können Sie mir helfen?
   - A Wie viel kostet die DVD?
   - ~~B~~ Ja, gern.
   - ~~C~~ Nein, tut mir leid.

2. Was magst du?
   - A Ich esse gern Eis oder Kuchen.
   - B Mir schmecken Brötchen und Kakao.
   - C Ich mag keinen Fisch.

3. Was möchten Sie?
   - A Drei Brötchen und ein Brot, bitte.
   - B Hier, bitte schön.
   - C Ich nehme vier Stück Kuchen.

4. Kann ich Ihnen helfen?
   - A Ich suche das Buch „Drachenblut".
   - B Das ist aber teuer.
   - C Ja. Wo kann ich bezahlen?

5. Zahlen, bitte!
   - A Das macht 9,55 Euro, bitte.
   - B Ich komme sofort.
   - C Auf Wiedersehen.

6. Was isst du nicht gern?
   - A Ich liebe Wurst.
   - B Ich esse nicht so gern Wurst.
   - C Käse! Igitt! Den mag ich nicht.

b Wo spielen die Gespräche aus 10a?

Im Kaufhaus: Gespräch _1_ In der Bäckerei: Gespräch ___ Im Buchladen: Gespräch ___

Im Supermarkt: Gespräch ___ und ___ Im Restaurant: Gespräch ___

Wörter – Wörter – Wörter

11 Essen und trinken

a Lies die Wörter. Was kann man nicht essen oder trinken? Markiere.

Äpfel • Apfelkuchen • Bananen • Brot • Brötchen • Cola • Fisch • Flasche • Fleisch • Gemüsesuppe • Glas • Gramm • Hamburger • Kaffee • Kakao • Kartoffeln • Käse • Kilogramm • Milch • Mineralwasser • Obstsalat • Liter • Orangen • Orangensaft • Pfannkuchen • Pizza • Salat • Schokoladeneis • Stück • Tasse • Tee • Tomaten

b Schreib die markierten Wörter mit unbestimmtem Artikel in dein Heft. Was passt dazu? Such ein Wort aus 11a.

eine Flasche Orangensaft
...

12 So ist das.

Finde zu jedem Adjektiv das Gegenteil im Rätsel.

O	P	R	I	T	Z	U	N	B	E	R
I	N	T	E	R	E	S	S	A	N	T
C	H	G	S	C	H	P	A	U	L	I
X	C	R	P	O	U	Ä	U	Ü	E	R
Ä	D	O	O	F	N	T	E	P	I	E
C	M	ß	I	R	A	L	R	L	C	I
A	N	Q	U	A	Ö	R	T	A	H	U
W	E	B	I	L	L	I	G	U	T	N
Ü	U	Y	O	F	E	G	E	K	Z	B
D	E	R	T	W	E	Z	N	M	Ö	F

nett – doof

teuer – ______

süß – ______

alt – ______

schwer – ______

langweilig – ______

früh – ______

klein – ______

13 Einkaufen

Ein Wort passt nicht. Streich durch.

1. Supermarkt – ~~Kasse~~ – Buchladen – Kaufhaus
2. gut schmecken – lieben – nicht mögen – gern essen
3. Stück – Glas – Flasche – Tasse
4. Kuchen – Brot – Fleisch – Milch
5. Zucker – Schokolade – Salz – Kuchen

14 Meine Wörter

Welche Wörter sind für dich wichtig? Schreib fünf Wörter auf.

______

12 Unser Schulfest

1 Das Programm

a Lies das Programm und kreuze an: a, b oder c.

1. Das ist eine Anzeige für ein Fest …
   - [A] in einer Schule.
   - [B] in einer Stadt.
   - [C] von einer Schulband.

2. Wann ist das Fest?
   - [A] Im Sommer.
   - [B] Im Winter.
   - [C] Im Sommer und im Winter.

3. Was kann man machen?
   - [A] Musik, Theater und Tanz sehen.
   - [B] Einkaufen, Theater spielen und Musik machen.
   - [C] Lernen, singen und tanzen.

b Hör die Gespräche und notiere. Was interessiert die Leute?

2.15

Gespräch A	Gespräch B	Gespräch C

2 Wer macht was?

So ein Quatsch! Korrigiere die Sätze. Die Verben im Kasten helfen.

organisieren • machen • ~~dekorieren~~ • brauchen • spielen • hören

1. Der Schüler ~~zaubert~~ die Turnhalle. *Der Schüler dekoriert die Turnhalle.*
2. Wir ~~trinken~~ die Pizza. ______
3. Die Band ~~organisiert~~ in der Turnhalle. ______
4. Der Lehrer ~~spielt~~ die Getränke. ______
5. Die Schülerin ~~malt~~ Musik. ______
6. Die Schüler ~~hören~~ noch Papier. ______

3 Stress in der Turnhalle

a Ordne die Sätze zu.

Tut mir leid! • ~~Das gefällt mir!~~ • Hilf mir! • Tut uns leid! • Hilf ihm! • Die gefallen uns nicht.

1.

- Und? Wie findest du das?
- Super! Das gefällt mir!

2.

- Oh nein! Jetzt muss ich alles noch mal machen!
- ______________________

3.

- Wau, wau!
- Kolja! ______________________
- Das will ich ja, aber ...

4.

- Ihr seid spät!
- ______________________

5.

- Hey, schaut mal! Die T-Shirts sind super, oder?
- Nein. ______________________

6.

- Pia! ______________________
- Ja, ich komme schon!

b Setz die richtige Form von *helfen* und *gefallen* ein.

gefällt • hilft • helft • gefällt • ~~gefallen~~ • helfe • gefallen

1. Deine Schuhe gefallen uns. ○ Echt? Die sind schon alt.
2. Wie __________ dir die Musik? ○ Toll! Mir __________ romantische Musik.
3. Die Aufgabe ist schwer. ○ Frag doch die Lehrerin. Sie __________ dir sicher.
4. Mir __________ die Lieder von Revolverheld. ○ Mir nicht!
5. Kannst du mir bitte helfen? ○ Ja, ich __________ dir gleich!
6. Leni, Astrid, __________ ihr mir bitte? ○ Geht nicht. Wir müssen aufräumen.

c Ergänze die Sätze.

ihr • ~~mir~~ • uns • ihm • dir • euch

1. Ich kann das nicht allein. Warum hilfst du mir nicht?
2. Kommt ihr mit ins Konzert? Die Band gefällt __________ sicher auch.
3. Kommt ihr mit ins Kino? – Wir haben keine Zeit. Tut __________ leid.
4. Jonas hört gern Pop, aber Rockmusik gefällt __________ nicht so gut.
5. Lisa sucht ihr Handy. Helfen wir __________? – Ja, klar!
6. Gefallen __________ die CDs? – Ja, danke! Die finde ich super!

4 Was ziehst du an?

a Mach das Kreuzworträtsel. Wie heißt das Lösungswort?

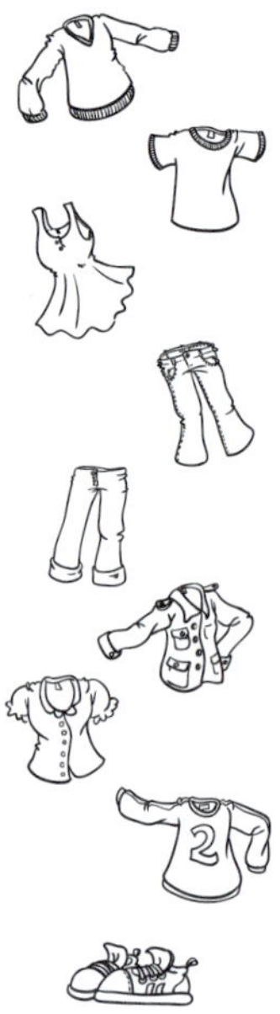

1. ______
2. das ______
3. ______
4. ______
5. ______
6. ______
7. ______
8. ______
9. ______

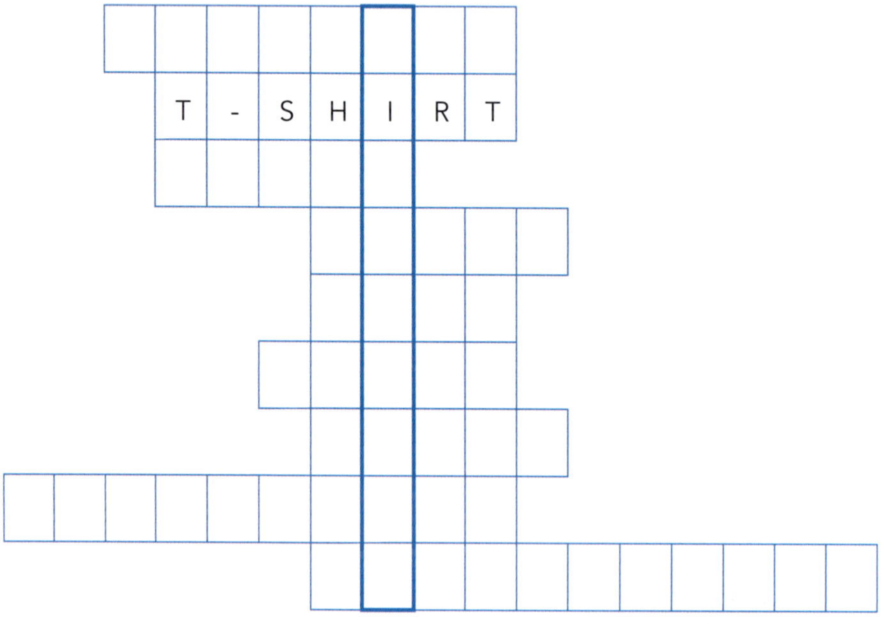

Lösungswort: ______________________

b Wer ist das? Hör die Beschreibungen und ordne die Namen den Bildern zu.

2.16

A ______________ B ______________ C ______________ D ______________

5 Blau, rot, gelb ...

a Welche Farben passen hier?

1. ______________________

2. ______________________

3. ______________________

4. ______________________

2.17 **b Hör zu und mal die Kleidung in der richtigen Farbe an.**

6 Bist du fertig?

a Ordne die Sätze zu.

Pullover sind langweilig. • Die Bluse ja, aber die Hose passt nicht dazu! • Nein, die ist zu groß. • Super! Das T-Shirt steht mir, oder? • ~~Nein, der ist nicht mein Style.~~ • Ähm, deine Hose gefällt mir, aber …

Anna: Mia, gefällt dir der Pullover?
Mia: *Nein, der ist nicht mein Style.* (1)
Anna: Warum nicht?
Mia: ______________________ (2)
Aber Anna, guck mal. Steht mir die Bluse?
Anna: ______________________
______________________ (3)

Nils: ______________________ (4)
Olli: Ja, ja, das steht dir, du Popstar!
Nils: Danke, Olli! ______________________
______________________ (5)
Olli: Was ist los? Passt mir die Hose nicht?
Nils: ______________________ (6)

b Ergänze *passen, gefallen, stehen*.

1. Die Jeans von Julia ist neu, oder? Die *steht* ihr gut!
2. Deine Schuhe __________ mir. Die will ich auch kaufen.
3. Die Jacke __________ dir nicht. Sie ist zu klein.
4. Schau mal, __________ mir die Brille? Sehe ich hübsch aus?
5. Cool. Das T-Shirt __________ mir. Aber es __________ mir nicht. Es ist zu groß.
6. Oh, du siehst toll aus. Der Pullover __________ dir!

7 Projekt: Fashion-Guide

Finde möglichst viele Fragen. Schreib in dein Heft. Es gibt mehrere Möglichkeiten.

Welcher	Bluse	gefällt/gefallen dir?
Welches	Schuhe	steht/stehen ihr/ihm?
Welche	Sweatshirt	ist/sind besser? Blau oder weiß?
	Pullover	passt dazu ?
	Hut	ist/sind nicht so teuer?
	Kleid	passt/passen ihr/ihm nicht?
		ist/sind bequem?

Welcher Pullover steht ihr?

Otto

Marlene

8 eu – au

2.18

a Hör und sprich nach. Wie schnell kannst du das?

Der Zauberer aus Australien zaubert traurig im blauen Raum einen Baum.
Liebe Leute, heute neu! Nur neun Euro heute, liebe Leute!
Euer Auto ist teuer, sagen neun Freundinnen im Kaufhaus sauer.

2.19

b Hör und ergänze *au* und *eu*.

H_____te gehen die L_____te nicht nach H_____se. Sie l_____fen _____f die Straße und singen l_____t. Nur der Z_____berer ist tr_____rig. _____er K_____fh_____s ist t_____er, sagt er s_____er. Dann k_____f h_____te nichts, sagen die Fr_____en.

9 Auf dem Schulfest

Lies Pias Tagebuch und die Sätze. Richtig oder falsch? Kreuze an.

Liebes Tagebuch,

ich bin so glücklich. Warum? Paul mag mich! Und ich mag Paul. Morgen gehen wir im Park spazieren. Plato kommt natürlich auch mit. Er liebt Paul. Vielleicht essen wir wieder Pizza. Paul kann so toll Skateboard fahren. Das will ich auch lernen. Dann können wir jeden Tag nach der Schule zusammen mit dem Skateboard durch die Stadt fahren und Eis essen. Super! Nadja geht lieber mit Robbie allein ins Kino. Das finde ich doof. Aber jetzt gehe ich mit Paul ins Kino! Und in die Disco. Kann er tanzen? Ich glaube nicht. Super, dann bin ich seine Tanzlehrerin! Ich bin ja soooooooo glücklich! Alle lieben mich!

	richtig	falsch
1. Paul liebt Plato.	☐	☒
2. Pia und Paul gehen morgen spazieren.	☐	☐
3. Pia will Skateboard fahren lernen.	☐	☐
4. Pia und Paul wollen in der Schule Eis essen.	☐	☐
5. Nadja und Pia wollen in die Disco gehen.	☐	☐
6. Pia glaubt, Paul kann nicht tanzen.	☐	☐
7. Pia will Robbies Tanzlehrerin sein.	☐	☐

Wörter – Wörter – Wörter

10 Blaue, rote, gelbe Kleidung ...

a Wörterschlange: Wie viele Wörter findest du?

JEANS/HUTANZIEHENBLAUJACKEGEFALLENGELBPULLOVERROTSTEHEN
SCHWARZBLUSESCHUHEGRÜNSWEATSHIRTBRAUNTRAGENGRAUKLEID

b Schreib die Tabelle in dein Heft und ergänze die Wörter aus 10a mit Artikel.

Kleidung	Farben	Verben
die Jeans		

c Welche Wörter in 10b sind in deiner Sprache ähnlich oder gleich? Markiere.

11 Steht mir das?

Ergänze die Gespräche mit den Verben im Kasten.

tragen • helfen • anziehen • passen • ~~kaufen~~ • bezahlen • nehmen • stehen

1. ● Kommst du mit in die Stadt? Ich will eine neue Hose *kaufen*.
   ○ Tut mir leid, ich habe keine Zeit.
2. ● Kann ich dir ___________?
   ○ Ja. Ich brauche eine Jeans. Ich liebe Blau und Schwarz.
   ● Dann ___________ doch mal diese Jeans hier ___________.
3. ● Was denkst du? ___________ mir die Bluse?
   ○ Ja, klar. Du siehst toll aus!
   ● Gut. Dann ___________ ich sie. Wo kann ich denn ___________?
4. ● Guck mal. Lena ___________ heute ein Kleid!
   ○ Oh ja. Aber das Kleid ___________ ihr doch gar nicht. Es ist zu groß.

12 Wie ist das?

Was passt zusammen?

1. *C* Die Kleidung ist
2. ___ Das Essen ist
3. ___ Das Konzert ist
4. ___ Das Mädchen ist
5. ___ Das Computerspiel ist

A süß und sympathisch.
B laut und genial.
C modisch und bequem.
D langweilig und teuer.
E nicht gesund, aber lecker.

13 Meine Wörter

Welche Wörter sind für dich wichtig? Schreib fünf Wörter auf.

____

1 Grammatik: Merksätze

a Lies die Ausschnitte aus den Grammatikseiten und ergänze die Merksätze.

… Dativ ist nicht schwer. • … macht keinen Stress! •
Akkusativ braucht *einen* – *keinen* – *den*, …

Personalpronomen: *er, es, sie*

der Hund	Das ist Plato. **Er** ist ein Hund.
die Lehrerin	Das ist Frau Müller. **Sie** ist meine Lehrerin.
das Buch	Das ist ein Buch. **Es** ist 100 Jahre alt.
die Schuhe	Das sind meine Schuhe. **Sie** kommen aus Italien.

Der und *er* – ist nicht schwer,
die und *sie* – klar wie nie!
das und *es* –

____

Akkusativ				
den	Magst du **den Kuchen**?	**einen**	Hast du **einen Apfel**?	**keinen**
das	Opa kauft **das Geschenk**.	**ein**	Magst du **ein Ei**?	**kein**
die	Pia sucht **die CD**.	**eine**	Isst du **eine Tomate**?	**keine**

____

____
das kann ich schnell verstehen.

***mit* und Dativ**

Nominativ	Dativ Ich fahre mit …
der	**dem Schlitten**.
das	**dem Fahrrad**.
die	**der U-Bahn**.
die	**den Bussen** 105 und 107.

dem – *dem* – *der*,
____

b Schreib die Merksätze aus 1a auf Zettel. Schreib auch einen Beispielsatz dazu. Häng sie bei dir zu Hause auf.

2 Grammatik: Sätze legen

a Sieh die Fotos an und mach die Aufgaben.

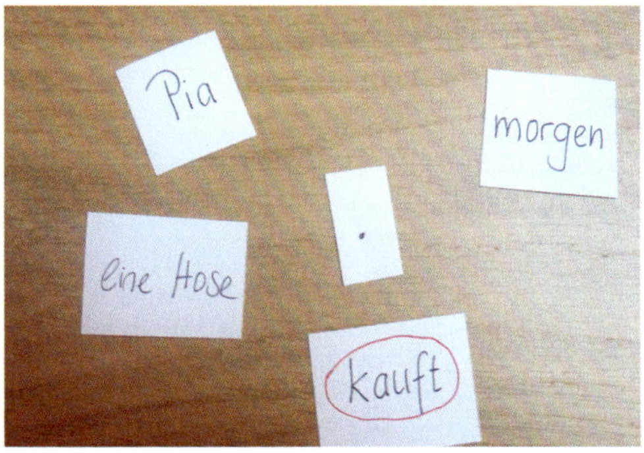

1. Mit diesen Kärtchen kannst du einen **Satz** legen. Schreib ihn auf.

   ____

2. Markiere das Verb. Wo steht es? Kreuz an.

   ☐ auf Position 1
   ☐ auf Position 2
   ☐ am Satzende

3. Mit diesen Kärtchen kannst du noch einen Satz legen. Schreib ihn auf.

   ____

4. Markiere das Verb. Wo steht es? Kreuz an.

   ☐ auf Position 1
   ☐ auf Position 2
   ☐ am Satzende

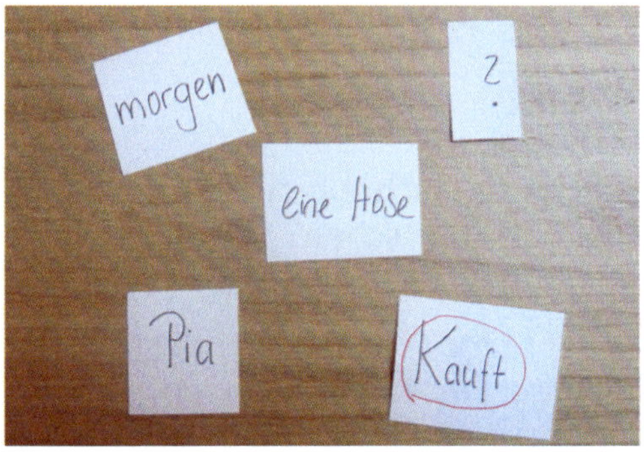

5. Mit diesen Kärtchen kannst du eine **Ja-Nein-Frage** legen. Schreib sie auf.

   ____

6. Markiere das Verb. Wo steht es? Kreuz an.

   ☐ auf Position 1
   ☐ auf Position 2
   ☐ am Satzende

7. Mit diesen Kärtchen kannst du eine **W-Frage** legen. Schreib sie auf.

   ____

8. Markiere das Verb. Wo steht es? Kreuz an.

   ☐ auf Position 1
   ☐ auf Position 2
   ☐ am Satzende

b Bastle die Kärtchen aus 2a (insgesamt neun verschiedene Kärtchen) und lege die Sätze aus 2a – zuerst mit Buch und dann ohne Buch.

13 Endlich Ferien!

1 Pia fährt nach …

2.20

a Hör die Nachricht auf deiner Mailbox. Ergänze dann den Notizzettel.

	Reise nach *Italien* mit Tante Greta
Wann?	Wir fahren im Sommer, im ______.
Wie lange?	Wir fahren für ______ Tage.
Wohin?	Wir fliegen nach ______ und fahren dann mit dem Zug an die ______.
Tante Gretas Telefonnummer: ______	

b Wohin fahren die Leute? Kreuze an.

	nach	in die	
1. Familie Schulze fährt in den Ferien	☒	☐	Spanien.
2. Im August fahren wir endlich	☐	☐	Türkei.
3. Karina macht eine Fahrrad-Tour	☐	☐	Amsterdam.
4. Herr und Frau Schünemann fliegen	☐	☐	USA.
5. Robert fährt zu seiner Oma	☐	☐	Wien.
6. Mein Traum ist eine Reise	☐	☐	Südamerika.

c Übersetze die Sätze 1 bis 3 aus 1b in deine Sprache und schreib sie in dein Heft. Gibt es eine ähnliche Unterscheidung (*nach / in die*) wie im Deutschen? Gibt es eine Regel?

2 Urlaubsfotos

a Person, Wasser oder Berge? Ordne zu.

~~meinem Opa~~ • Starnberger See • Berge • Alpen • Schwarze Meer • meiner Cousine • Ostsee • meiner Tante

in die ______

in die ______

zu *meinem Opa*

zu ______

zu ______

an den ______

ans ______

an die ______

b Wohin fahren die Leute in den Ferien? Ergänze *in*, *an* oder *zu*. Achte auf die Artikel.

1. Frau Müller fährt in den Ferien immer *in die* Berge. Dieses Jahr fährt sie ______ Schweiz.
2. Kolja fährt jedes Jahr ______ Bodensee und campt dort.
3. Nadja fährt mit ihren Eltern ______ Meer, ______ Nordsee.
4. Paul fährt ______ seiner Oma. Sie hat einen Bauernhof.

3 Wohin fährt Plato?

Lies die E-Mail und ergänze *nach, zu, an, in*.

Hallo Leo,

bald sind Ferien!!! Freust du dich auch schon? Dieses Jahr fahre ich mit Mark, das ist mein Bruder, nach (1) Dänemark. Wir fahren mit dem Fahrrad ________ (2) die Ostsee. Wir nehmen unser Zelt mit. Das ist billig. Wir wollen auch mit dem Schiff ________ (3) Lolland, das ist eine Insel in Dänemark.

Und was machst du in den Ferien? Fährst du wieder ________ (4) die Schweiz, ________ (5) den Bodensee? Vielleicht kann ich nächstes Jahr ________ (6) deiner Tante ________ (7) die Berge mitkommen. Dann können wir zusammen wandern. Was meinst du?

Chris

4 Was machst du in den Ferien?

2.21

a Hör die Interviews. Was passt zu wem? Ordne zu.

1. Lisa
2. Markus
3. Fadime
4. David

A zu Hause bleiben
B in die Türkei fahren
C arbeiten, schwimmen, Freunde treffen
D Freunde treffen, Partys machen
E baden, wandern
F Cousins treffen, zum Strand gehen
G nach Polen an die Ostsee fahren
H zur Oma fahren

b Wohin fahren die Personen? Was wollen sie in den Ferien machen? Schreib Sätze in dein Heft.

Lisa fährt zur Oma. Sie will baden und …

5 Projekt: Traumurlaub

Was für ein Urlaub ist das? Ordne die richtige Reise zu.

~~in die Berge fahren~~ • an den See fahren • ans Meer fahren • auf den Bauernhof fahren • nach Rom/Paris fahren

1. am Strand liegen, im Meer schwimmen, in der Sonne liegen ________
2. Freunde treffen, im See schwimmen, campen ________
3. wandern, viel Natur sehen *in die Berge fahren*
4. Tiere sehen, im Stall helfen, Fahrrad fahren ________
5. spazieren gehen, die Stadt ansehen, im Café sitzen ________

6 Ein Ferientag zu Hause

Was macht man an diesen Orten nicht? Streich durch.

Wir gehen …	Was machen wir dort?
1. ins Eiscafé	Kaffee trinken – Eis essen – spazieren gehen
2. in den Wald	schwimmen – spazieren gehen – Fahrrad fahren
3. ins Schwimmbad	baden – in der Sonne liegen – campen
4. ins Museum	Pommes essen – Bilder ansehen – Postkarten kaufen
5. ins Kino	einen Film sehen – Popcorn essen – im Stall helfen
6. in den Park	Fußball spielen – Klavier üben – ein Picknick machen

7 Kommst du mit in den Park? Kommst du mit zum See?

a Wie kann man das auch sagen? Ergänze.

1. in + das = *ins* 2. an + das = ______ 3. zu + dem = ______ 4. zu + ______ = zur

b Welche Wegbeschreibung passt wo? Ordne zu.

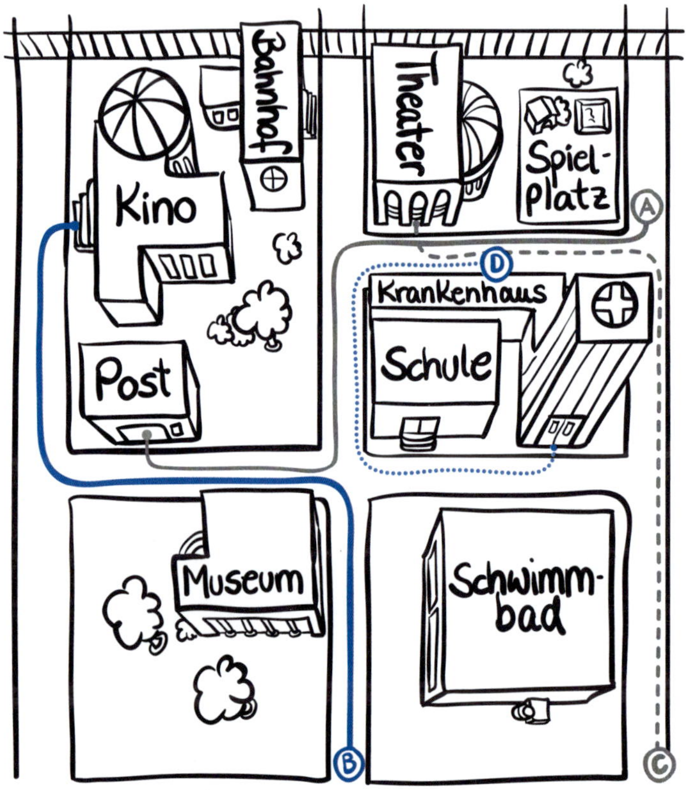

1. Du gehst geradeaus zum Museum. Dann gehst du links und dann geradeaus bis zur Post. Dann gehst du rechts. Das Kino ist rechts. ______

2. Du gehst geradeaus und dann links zur Schule. Dann gehst du links und dann geradeaus. Das Krankenhaus ist links. ______

3. Du gehst rechts und dann geradeaus zum Theater. Dann gehst du links und dann geradeaus. Du siehst links die Schule. Dort gehst du rechts und dann geradeaus. Die Post ist rechts. ______

c Welcher Weg aus 7b hat noch keine Beschreibung? Beschreib diesen Weg. Die Wörter im Kasten helfen.

immer geradeaus • der Spielplatz • links • weiter geradeaus • das Theater • rechts

Du gehst … ____________________

____

____

8 Grüße aus den Ferien

a Ergänze *ich* oder *es*.

1. Hier in der Schweiz ist __es__ toll. ______ gibt schöne Berge und Seen.
2. ______ gehe oft wandern.
3. ______ regnet leider oft.
4. Deshalb gehe ______ auch oft ins Kino.
5. ______ geht mir gut!

b Ordne die Sätze aus 8a den Bildern zu. Schreib die Postkarte in dein Heft.

9 Grüße aus Balkonien

a Kreuze die richtige Form an.

1. Ich [x] war [ ] wart gestern nicht in der Schule, sondern auf dem Balkon.
2. Kim [ ] hatten [ ] hatte kein Geld für den Urlaub.
3. Hanna und Teresa [ ] hattet [ ] hatten in den Ferien viel Spaß. Sie [ ] waren [ ] war in Italien.
4. [ ] War [ ] Warst du im Sommer im Urlaub? – Nein, ich [ ] hattest [ ] hatte keine Zeit.
5. [ ] Hattet [ ] Hatte ihr in Rom gutes Wetter? – Ja, das Wetter [ ] war [ ] wart super!
6. Wir [ ] hattet [ ] hatten ein Hotel mit Schwimmbad und Balkon. Und du? – Ich [ ] warst [ ] war am See und [ ] hatte [ ] hatten mein Zelt dabei. Ich campe gern.
7. [ ] Wart [ ] Waren ihr auch im Schwimmbad? – Nein. Wir [ ] hatten [ ] hatte keine Lust.

b Ergänze die Präteritum-Formen in der Tabelle. Übung 9a hilft dir.

	sein	**haben**
ich	war	
du		hattest
er, es, sie		hatte
wir		
ihr		hattet
sie, Sie	waren	

c Ergänze die Formen von *haben* und *sein* im Präteritum.

● Ich warte schon 15 Minuten! Wo _warst_ (1) du denn?
○ Tut mir leid. Ich ______ (2) ein Problem. Mein Geld ______ (3) weg.
● Los jetzt. Der Film fängt gleich an!

■ ______ (4) du gestern auf der Party?
□ Ja, es ______ (5) total toll! Die Musik ______ (6) super und wir ______ (7) viel Essen und Getränke. Und wo ______ (8) du?
■ Ich ______ (9) bei meiner Oma. Sie ______ (10) Geburtstag.

▶ Wie ______ (11) deine Ferien?
▷ Oh, die Ferien ______ (12) super! Wir ______ (13) ein kleines Ferienhaus am Meer. Und das Wetter ______ (14) auch sehr schön. Und ihr?
▶ Wir ______ (15) zu Hause. Unsere Tante, unser Onkel und unser Cousin ______ (16) eine Woche da. Es ______ (17) total langweilig.

10 s – ss – ß – sch

2.22 **a s: Hör zu und sprich nach.**

Musik Samstag Satz sehen singen sofort Gemüse sieben lesen Reise

2.23 **b ss und ß: Hör zu und sprich nach.**

Klasse Wasser essen Straße groß Spaß süß weiß vergessen außerdem

2.24 **c sch: Hör zu und sprich nach.**

Schwester Schule Schwimmbad schön Schokolade schnell schreiben
Russisch romantisch Geschichte

2.25 **d Hör zu und sprich nach.**

Susanne sieht das Eis und will es essen.
Das Gemüse sieht super aus und ist gesund.
Die Klasse schreibt den Satz auf Russisch groß an die Tafel.

2.26 **e sch, s, ss oder ß? Hör zu und ergänze.**

1. Die _Sch_ule ist au___! Die Kla___en laufen ___nell au___ dem ___ulhau___.
2. ___amstag und ___onntag verge___en die ___üler Deut___, Phy___ik und Ge___ichte.
3. Drei Mädchen ___ingen im Bu___ romanti___e Lieder.
4. Zwei ___western e___en wei___e ___okolade. Sie ist ___ehr sü___ .

Wörter – Wörter – Wörter

11 Plätze und Orte in der Stadt und auf dem Land

Wie heißt der Platz? Ergänze auch die Artikel.

1. das
2. ______
3. ______
4. ______
5. ______
6. ______
7. ______
8. ______
9. ______
10. ______

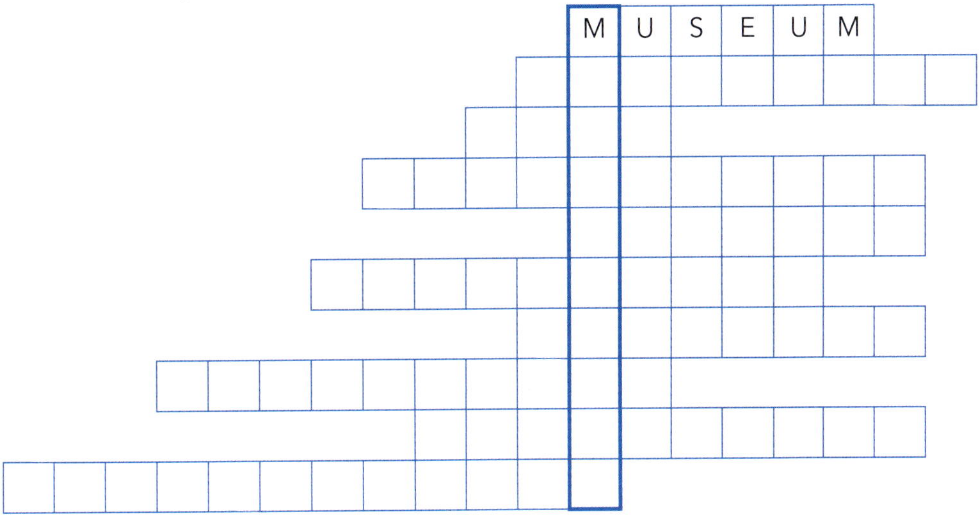

1. Dort kann man Bilder ansehen oder etwas über die Geschichte lernen.
2. Dort gibt es einen großen Hof und viele Tiere.
3. Es ist keine Stadt, aber dort wohnen auch Menschen.
4. Kranke Leute bleiben dort ein paar Tage oder Wochen.
5. Es ist ein bisschen wie im Kino. Aber man sieht keinen Film.
6. Das ist ein Platz in der Stadt nur für Kinder.
7. Hier gibt es alte Häuser, einen Marktplatz und Cafés.
8. Man kann dort schwimmen, aber es ist kein See oder Meer.
9. Hier kann man essen und trinken.
10. Dort kann man mit dem Zelt Urlaub machen. Es ist billig.

12 Das Wetter

Wie ist das Wetter heute? Ein Wort passt nicht.

warm
kalt
Wetter
schön
regnet

1. Es ________.

2. Es ist ________.

3. Es ist ________.

4. Es ist ________.

13 Aktivitäten im Urlaub

Welches Verb passt?

liegen • vergessen • wandern • campen • ~~fliegen~~ • schwimmen

1. nach Kanada fliegen
2. in der Sonne ______________
3. mit dem Zelt ______________
4. in den Bergen ______________
5. im Meer oder im See ______________
6. das Gepäck ______________

14 Meine Wörter

Welche Wörter sind für dich wichtig? Schreib fünf Wörter auf.

____

14 Gute Besserung!

1 Beim Arzt

a Mal die Körperteile im Kasten an: der = blau, das = grün, die = rot.
Ordne die Körperteile zu und ergänze die Artikel.

Auge • Arm • Bauch • Bein • Finger • Fuß • Haar • Hals • Hand • Kopf • Mund • Nase • Ohr • Zahn

b Wie viele? Zähl und schreib im Plural.

1.
der Kopf 2 Köpfe
das Ohr ______
der Mund ______
das Auge ______
der Hals ______

2.
das Bein ______
der Fuß ______

3.
der Arm ______
die Hand ______

2.27
c Was ist das Problem? Hör die Gespräche und ordne zu. Schreib dann Sätze.

1. Ron	A Füße wehtun	1. Rons Augen sind schlecht.
2. Axel	B Augen schlecht sein	2. ______
3. Sophia	C Haare zu lang sein	3. ______
4. Anne	D Schuhe weg sein	4. ______

2 Schwierige Wörter aussprechen

a Hör zu und sprich nach.

2.28

Lieblingslied Wurstbrötchen Sportschuhe Schwimmbad Spielplatz
Geschwister Geburtstag hoffentlich mitbringen

b Schwierige Wörter schnell sprechen. Hör zu und sprich nach.

2.29

Im Schwimmbad und auf dem Spielplatz essen die Geschwister Wurstbrötchen und hören ihr Lieblingslied. Hoffentlich kommst du zu meinem Geburtstag! Und bring bitte Sportschuhe mit.

c Lange Wörter – und in deiner Sprache? Übersetze die Wörter aus 2a. Schreib in dein Heft und vergleiche. Was ist anders?

3 Aua! Mir tut … weh!

Lies das folgende Gespräch. Es gibt fünf Lücken (______). Finde für jede Lücke das passende Wort und schreib es hinein! Achtung: Es gibt zwei Wörter zu viel!

~~geht~~ hast machen besuchst spielst sehen tut weh musst

- Hallo Florian! Wir wollen gleich Basketball spielen. Kommst du mit?
- Das *geht* (0) leider nicht. Sieh mal, meine Hand ist total dick und ______ (1).
- Oh, was ______ (2) du denn? Du ______ (3) schnell zum Arzt gehen!
- Da war ich schon: Ich kann zwei Wochen keinen Sport ______ (4).
- Schade! Hoffentlich geht es dir bald besser. Dann ______ (5) du wieder mit uns Basketball.

4 Pantomime: Krankheiten

So ein Quatsch! Was haben die Personen wirklich? Korrigiere und schreib die Sätze richtig in dein Heft.

1. Ich kann meine Hausaufgaben nicht machen. Mein Fuß tut weh.
2. Wir können keine Musik hören, wir haben Nasenschmerzen.
3. Meike kann nichts essen. Sie hat Beinschmerzen.
4. Karl kann nicht lesen. Seine Arme tun weh.
5. Ich kann nicht singen. Mein Bein tut weh.

1. Ich kann meine Hausaufgaben nicht machen. Mein Kopf tut weh.

5 Das Mathe-Fieber, Teil 1 „Die Klassenarbeit"

a Was passt zusammen? Notiere in der Tabelle.

~~sie~~ es ~~ich~~ sie ihn du ~~sie~~ ~~Sie~~ ~~euch~~
~~sie~~ dich ihr uns ~~es~~ sie ~~wir~~ mich er

Nominativ	ich					wir		sie	Sie
Akkusativ				es	sie		euch		Sie

b Wer ist das? Für wen steht das Pronomen? Schreib den Namen.

Pia, Nadja und Kolja sind auf dem Schulhof. Paul ist krank.

Pia: Hey Leute! Paul ist krank.

Nadja: Was hat er (Paul) (1) denn?

Pia: Er hat Bauchschmerzen. Wollen wir ihn (________) (2) heute besuchen?

Kolja: Wann wollt ihr (__________________) (3) denn los?

Pia: Gleich nach der Schule, oder?

Nadja: Okay. Kann ich euch (______________) (4) was fragen?

Pia u. Kolja: Was denn?

Nadja: Kann Robbie mitkommen?

Kolja: Ja, klar. Wo ist er (________) (5) denn? Ich sehe ihn (________) (6) nicht.

Nadja: In der Cafeteria vielleicht. Ich suche ihn (________) (7). Bis gleich!

Pia: Immer muss sie (________) (8) ihn (________) (9) mitnehmen.

c Ergänze die richtigen Personalpronomen in den SMS.

mich • ~~dich~~ • sie • dich • euch • mich • uns • ihn

1.
Hallo Frank,
kommst du mit ins Kino? Ich hole dich ab. Ruf ______ an, ja?
Jan
Optionen Weiter Zurück

2.
Hey Leute, sehe ich ______ heute beim Fußball? Alex kommt auch. Ich treffe ______ gleich. Bis später!
Optionen Weiter Zurück

3.
Hallo Lilli,
mein Vater bringt ______ heute mit dem Auto zum Tanzen. Fährst du mit? Wir holen ______ ab. Okay?
Optionen Weiter Zurück

4.
Anna ist wieder gesund. Ich besuche ______ um 15 Uhr. Sie macht Kuchen für ______. Kommst du mit?
Natalie
Optionen Weiter Zurück

6 Das Mathe-Fieber, Teil 2 „Der Besuch"

a Was passt nicht zum Thema *krank sein*? Streich durch.

1. Halsschmerzen – ~~Hunger~~ – Kopfschmerzen – Zahnschmerzen
2. Mir ist schlecht! – Gute Besserung! – Mein Kopf tut weh! – Herzlich willkommen!
3. zum Arzt gehen – Freunde einladen – Tabletten nehmen – im Bett bleiben
4. Apotheke – Klassenzimmer – Krankenhaus – Arzt

b Welches Verb passt?

bleiben • wünschen • ~~bekommen~~ • haben • nehmen • gehen • mitbringen

1. Besuch *bekommen*
2. Bauchschmerzen ______
3. Gute Besserung ______
4. ein Geschenk ______
5. zum Arzt ______
6. im Bett ______
7. Tabletten ______

c Welches Wort passt? Kreuze an.

Hallo Jasmin,

wie geht es *dir* (1)? Mir geht es nicht so gut. Das Wetter hier ist sehr ______ (2). Ich bin ______ (3) und deshalb gehe ich heute nicht in die Schule. Ich ______ (4) Halsschmerzen und mein Kopf ______ (5).

Mein Vater sagt: „______ (6) im Bett!" Aber das ist so langweilig. ______ (7) geht jetzt zur Apotheke und holt ______ (8) für mich. Nach der Schule besuchen ______ (9) meine Freunde. Oh, mein Vater kommt! ______ (10) muss schnell ins Bett! Ich rufe ______ (11) am Freitag an, dann geht es mir sicher viel ______ (12).

Lilli

1. ☐ dich ☒ dir ☐ mir	4. ☐ tut ☐ bin ☐ habe	7. ☐ Ihn ☐ Ich ☐ Er	10. ☐ Ich ☐ Er ☐ Mich
2. ☐ regnet ☐ Regen ☐ schlecht	5. ☐ tut weh ☐ Schmerzen ☐ geht weg	8. ☐ Schokolade ☐ Tabletten ☐ einen Arzt	11. ☐ du ☐ dich ☐ dir
3. ☐ krank ☐ gesund ☐ gut	6. ☐ Gehst ☐ Bleibst ☐ Bleib	9. ☐ sie ☐ ihn ☐ mich	12. ☐ gesund ☐ verrückt ☐ besser

P d Du hast die E-Mail von Lilli bekommen. Antworte darauf mit mindestens 30 Wörtern.

7 Bewegung ist gesund

Gib den Personen Tipps. Die Ausdrücke im Kasten helfen.

~~mehr Sport machen~~ • mit dem Fahrrad zur Schule fahren • im Park laufen • Skateboard fahren • schwimmen • Tennis spielen • wandern • Fußball spielen • tanzen

1. *Du musst mehr Sport machen. / Mach mehr Sport.*
2. ______
3. ______
4. ______
5. ______
6. ______
7. ______
8. ______
9. ______

8 Projekt: Wochenplan Bewegung

2.30

a Interview mit Charlotte, Adrian und Tom. Wie viel Bewegung haben sie? Ordne zu.

viel: ______ wenig: ______

b Wer macht was? Hör noch einmal und ergänze die Namen: C = Charlotte, A = Adrian, T = Tom.

C jeden Tag eine Stunde Fahrrad fahren • ____ zu Hause Mathe lernen • ____ abends immer joggen gehen • ____ am Wochenende wandern oder segeln gehen • ____ den Müll in den Hof bringen • ____ nicht so viel Bewegung haben • ____ Sport schrecklich finden • ____ alle zwei Tage zum Volleyball-Training gehen • ____ im Garten helfen

c Schreib Sätze zu den Personen in 8b in dein Heft. Schreib dann auch Sätze über dich.

... *hat viel Bewegung. Sie fährt jeden Tag eine Stunde Fahrrad* ...
Ich ...

Wörter – Wörter – Wörter

9 Körper-Quiz

Finde zwölf Körperteile. Schreib sie mit Artikel und Plural in dein Heft.

O	H	G	K	O	P	F	A	H	M	P	A
B	A	U	C	H	M	A	N	A	S	E	W
E	L	P	E	R	U	U	Y	A	C	H	U
I	S	T	F	I	N	G	E	R	S	Ö	K
N	U	H	A	N	D	E	R	Z	A	H	N

10 Eric muss zum Arzt.

Wer sagt das? Der Arzt (A) oder Eric (E)? Ergänze. Schreib dann die Sätze in deiner Sprache.

der Kopf / die Köpfe, ...

deine Sprache:

1. [A] Was fehlt dir denn? ______________________
2. [ ] Hast du Schmerzen? ______________________
3. [ ] Mir geht es so schlecht. ______________________
4. [ ] Meine Ohren tun weh. ______________________
5. [ ] Du bist bald wieder gesund. ______________________
6. [ ] Ich habe Kopfschmerzen. ______________________
7. [ ] Gute Besserung! ______________________
8. [ ] Du musst Tabletten nehmen. ______________________
9. [ ] Muss ich im Bett bleiben? ______________________

11 Pommes-Party

Ergänze die Wörter aus dem Kasten.

gut • gesund • ~~geht~~ • krank • Arzt • Tabletten • Party • Bauchschmerzen • Schokolade

● Hallo Marie, wie *geht* ______ (1) es dir?

○ Hallo Anna. Mir geht es ______________ (2)! Aber Jens ist ______________ (3). Er hat ______________________ (4). Ich glaube, er isst zu viel ______________________ (5).

● Stimmt. War er schon beim ______________ (6)?

○ Ja. Er muss ______________ (7) nehmen. Ach ja, ich mache morgen eine ______________ (8). Es gibt Pommes. Das ist nicht ______________ (9)! Aber ich liebe Pommes!

12 Meine Wörter

Welche Wörter sind für dich wichtig? Schreib fünf Wörter auf.

____

15 Bei mir zu Hause

1 Bens Zimmer

a Was stimmt hier nicht? Streich den falschen Ausdruck durch und korrigiere.

1. In meinem Zimmer gibt es ~~ein Regal~~. Dort kann ich gut schlafen. *ein Bett*
2. ~~Meine Lampe~~ ist toll. Dort sind meine Pullover, Hosen und T-Shirts. ________________
3. Und es gibt in meinem Zimmer ein Bett. Dort kann ich prima Hausaufgaben machen. ________________
4. Ich habe auch einen Schrank. Dort kann ich gut sitzen. ________________
5. Mein Stuhl ist super. Dort sind alle meine Bücher und mein Fußball. ________________
6. In meinem Zimmer gibt es auch einen Tisch. Sie gibt Licht. ________________

2.31 **b Hör die Zimmerbeschreibung. Welches Zimmer ist das? A oder B?**

A

B

2 Das Zimmerspiel

a Singular und Plural. Ergänze.

1. das Bett	*die Betten*	4.	die Stühle
2. der Schreibtisch		5.	die Lampen
3.	die Schränke	6. das Regal	

b Beschrifte die Möbel in deinem Zimmer. Lies und sprich die Wörter immer wieder.

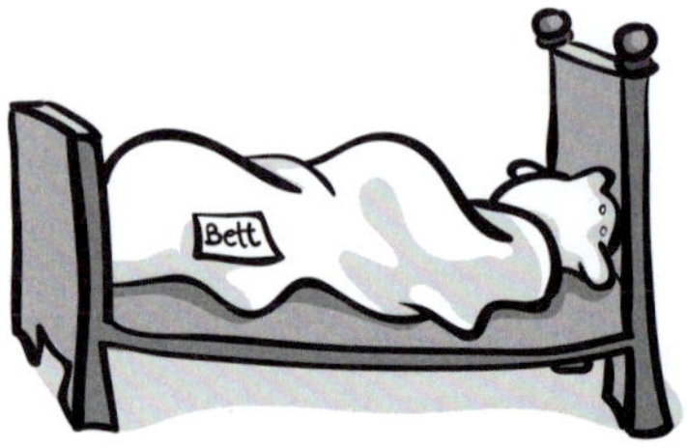

3 Bens Wohnung

a Markiere alles aus Bens Wohnung. Schreib die Wörter mit Artikel auf.

tugcompuwohnzimmerbofluralegatenschlafzimmerschriküchenbedobabadzuggarten

1. *das Wohnzimmer*
2. ______
3. ______
4. ______
5. ______
6. ______

b Wo gibt es das?

1. *im Bad*
2. ______
3. ______
4. ______

c Zimmer von Kindern in Deutschland: Ordne die Antworten den passenden Fragen zu. Achtung: Eine Antwort ist zu viel.

A
Oft müssen Kinder ihr Zimmer allein aufräumen. Aber manche Eltern helfen den Kindern und räumen einmal in der Woche richtig auf.

B
Mit 8 bis 12 Jahren wollen Kinder in Deutschland ihr eigenes Zimmer.

	Frage	Antwort
0.	Warum brauchen Kinder ihr eigenes Zimmer?	*C*
1.	Wann möchten Kinder ein eigenes Zimmer haben?	
2.	Wie groß sind die Kinderzimmer in Deutschland?	
3.	Wie dekorieren Kinder ihr Zimmer?	
4.	Wie viele Kinder haben einen Fernseher in ihrem Zimmer?	
5.	Wer räumt das Kinderzimmer auf?	

G
Kinder machen gern Computerspiele. Sie hören gern Musik, sie telefonieren oft und sehen sehr viel fern.

F
Jedes zweite Kind in Deutschland hat einen Fernseher im Zimmer.

C
Auch Kinder möchten manchmal allein sein. In ihrem Zimmer können sie wohnen, schlafen, Hausaufgaben machen und ihre Freunde treffen.

D
Kinder hängen in ihrem Zimmer gerne Poster oder Fotos auf.

E
Die meisten Kinderzimmer sind zwischen 10 und 20 m^2 groß.

d Was machst du wo? Schreib sieben Sätze.

In meinem Zimmer schlafe ich. Ich telefoniere ...

4 Eine Einladung

a Ronald feiert eine Party. Ergänze die E-Mail. Der Kasten hilft.

Hi Leute ________,

ich lade euch zu meiner Geburtstagsparty

____.

Wir machen eine Disco. ____________________

________________. ____________________?

Bitte sagt ______________________________.

______________________ ist Heinrichstraße 5.

____

Bringt also bitte Musik mit
Kommt ihr
~~Leute~~
Euer Ronald
Meine Adresse
am 24.10. um 16 Uhr ein
bis 20.10. Bescheid

b Du machst eine Party. Schreib eine Einladung an deine Freunde in dein Heft. Die Informationen im Kasten helfen dir.

Geburtstag • am 16.07. / um 17 Uhr • Fußballspiel • mitbringen / Sportschuhe • Adresse / Fasanenweg 1 • Bescheid sagen / 13.07.

2.32 **c Der Weg zu deinem Freund. Hör die Nachricht. Mal den Weg in den Plan.**

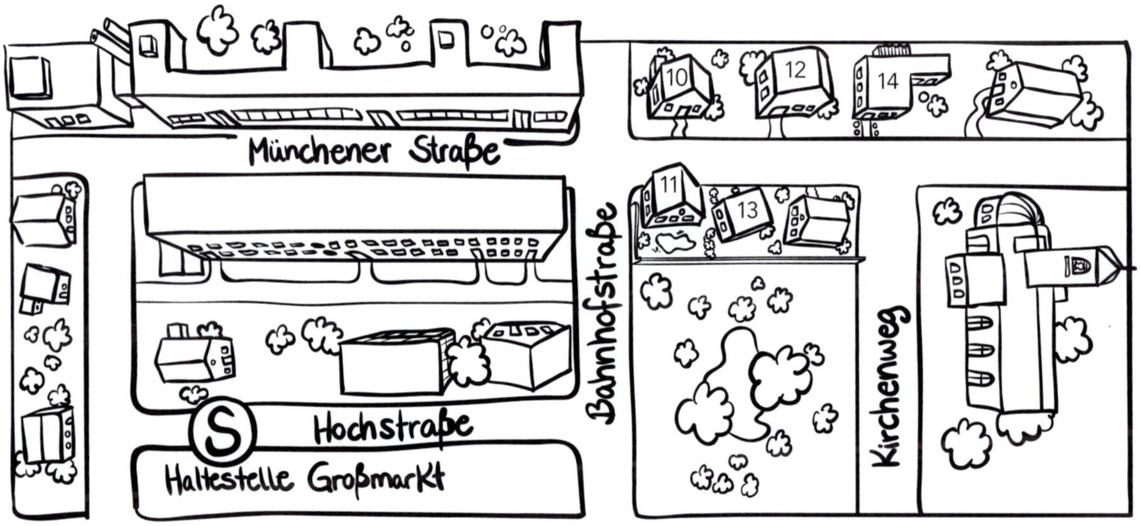

d Hör noch einmal. Beschreib den Weg deinen Freunden. Ergänze die Wörter.

Fahrt (1) mit der S-Bahn Linie 1 bis Großmarkt. ________ dann rechts aus der Haltestelle ________ (2). Ihr geht ____________ (3) bis zur Bahnhofstraße. Geht dann ________ (4). Ihr ________ (5) dann wieder geradeaus gehen und dann rechts in die Münchener Straße. Dann ________ (6) ihr schon das Haus ________ (7) 12. ____________ (8) bei „Marmer".

5 Vielen Dank für die Einladung

a Verbinde die Entschuldigungssätze. Welche Sätze sind Quatsch? Schreib noch mehr Quatsch-Entschuldigungssätze in dein Heft.

1. Ich kann nicht kommen. Mein Hund — B
2. Tut mir leid, aber ich muss meiner Mutter
3. Ich kann nicht. Ich bin
4. Ich kann nicht kommen, mein Schrank ist leer. Ich habe

A nichts zum Anziehen.
B hat Zahnschmerzen.
C im Urlaub.
D helfen.

b Ordne die Sätze in der E-Mail. Schreib die Entschuldigung dann in dein Heft.

Hi Micha,
meine Fische sind krank.
Tut mir leid, ich kann nicht zu deiner Party kommen.
Vielen Dank für deine Einladung.
Manni

c Dein bester Freund / Deine beste Freundin feiert eine Party. Du hast keine Lust. Welche Entschuldigung ist in deinem Land okay? Kreuze an.

- ☐ Tut mir leid, aber ich habe keine Lust.
- ☐ Schade, ich bin krank.
- ☐ Ich habe keine Zeit. Ich muss lernen.
- ☐ Tut mir leid, meine Mutter / mein Vater hat Kopfschmerzen.
- ☐ Ich mag keine Partys. Ich möchte dich lieber alleine treffen.
- ☐ Ich kann leider nicht kommen. Da habe ich Ferien.
- ☐ Ich kann nicht kommen.
- ☐ Tut mir leid, meine Tante hat Geburtstag.

6 Die Fahrt zu Paul

a Was passt? Ergänze die Lücken im Rätsel.

1. Die S-Bahn kommt auf ___ ___ ___ ___ ___ 5 an.
2. Am ___ ___ ___ ___ ___ ___ ___ kommen und fahren Züge und S-Bahnen.
3. Der Bus kommt um 19.04 Uhr an der ___ ___ ___ ___ ___ ___ ___ ___ ___ ___ ___ an.
4. Für die S-Bahn und den Bus musst du eine ___ ___ ___ ___ ___ ___ ___ ___ ___ kaufen.
5. Du gehst nicht rechts und nicht links. Du gehst ___ ___ ___ ___ ___ ___ ___ ___ ___.
6. Hier ist die Viktorstraße. Wie ist Pauls ___ ___ ___ ___ ___ ___ ___ ___ ___ ___?
7. Kommst du zu mir? Du musst am Ostbahnhof ___ ___ ___ ___ ___ ___ ___ ___ ___ ___.
8. Endlich kommt die S-Bahn an. Wir können ___ ___ ___ ___ ___ ___ ___ ___ ___ ___.

b Schreib die markierten Buchstaben auf. Wie heißt das Wort?

____

7 Mit oder ohne *h*?

2.33

a Hör die Sätze. *H* oder kein *H*? Ergänze die Lücken.

1. DER _H_UND IST ___EUTE IM ___AUS.
2. ___AST DU EINE ___OSE UND EIN ___ANDY?
3. ___ANDY ___UND ___ANNA SIND ___ACHT JAHRE ___ALT.
4. ___IHR SEID ___ALLE ___AUS ___ESSEN.
5. ___ANNA ___AUS ___ALLE SAGT: „DAS ___EIS IST ___EISS."

b Hör die Sätze noch einmal und sprich nach.

8 Nicht zu Hause wohnen

a Ergänze *bei, am, in* oder *auf*.

Ich wohne nicht _____ (1) meinen Eltern. Ich wohne _____ (2) meiner Oma, ____(2) Konstanz. Sie wohnt ____ (3) Bodensee. Meine Schwester wohnt auch hier. Wir haben zusammen ein Zimmer. Manchmal möchte ich allein sein. Das geht am bestem _____ (4) See oder _____ (5) einer Bank im Park.

(Monika, 14 Jahre)

b Erinnerst du dich noch? Findest du im Kursbuch in Kapitel 13 die richtigen Präpositionen? Ergänze.

Wohin? Ich fahre ...	_______ Italien. _______ Türkei.	___ meiner Oma. ___ meinem Opa.	___ den See. ___ Meer.	___ den Park. ___ die Berge.	auf die Weide.
Wo? Ich bin ...	in Italien. in der Türkei.	bei meiner Oma. bei meinem Opa.	am See. am Meer.	im Park. in den Bergen.	auf der Weide.

c *Wo* oder *Wohin*? Was passt? Kreuze an und ergänze die richtige Präposition.

1. ☐ Wo? ☐ Wohin? Maria fährt in den Ferien _____ Portugal, _____ ihrem Bruder.
2. ☐ Wo? ☐ Wohin? Karim wohnt nicht zu Hause. Er wohnt _____ seiner Tante.
3. ☐ Wo? ☐ Wohin? Alex ist _____ See und möchte baden.
4. ☐ Wo? ☐ Wohin? Die Pferde stehen _____ der Weide oder _____ Stall.
5. ☐ Wo? ☐ Wohin? Frau Müller wandert _____ den Bergen.
6. ☐ Wo? ☐ Wohin? Kai geht heute Nachmittag _____ die Schule und danach _____ den Park.

9 Projekt: Room-Tour

Welche Möbel hast du in deinem Zimmer? Was machst du dort? Schreib in dein Heft.

Bett – Hier schlafe und lese ich.
Schrank – Hier liegen meine Sachen.
Schreibtisch – ...

Wörter – Wörter – Wörter

10 Möbel und Zimmer

a Markiere die Möbel und Zimmer.

zugerchengiverkatischlerbeigabadmainferschopstuhlübaststschrankhartungpoltoilettewimmquattowohnzimmeropeltertbettägerwertgustschlafzimmermartopetklampeberautermunkücheörebrötasteschflurmühdrepregalnbew

b Ordne die Wörter aus 10a zu. Schreib sie mit Artikel und Plural.

Möbel: *der Tisch / die Tische, ...* ______________________ Zimmer: ______________________

______________________ ______________________

______________________ ______________________

11 Silbenrätsel

Was passt zusammen? Mach eine Tabelle im Heft. Schreib die Wörter richtig in die Tabelle.

~~aus~~ • an • ver • bahn • ~~steigen~~ • bringen • mü • Halte • Haus • kommen • lich • mit • nummer • Plan • pünkt • de • Straßen • ~~steigen~~ • stelle • U-Bahn • ein • rückt

Nomen	Verb	Adjektiv
	aussteigen	

12 Mit der U-Bahn fahren

Was passiert zuerst, was danach ...? Ordne die Sätze und schreib sie in dein Heft.

ich steige aus • ich kaufe eine Fahrkarte • ich steige in die U-Bahn-Linie 2 ein • die U-Bahn kommt in Neustadt an • ~~ich laufe zum Gleis~~ • die U-Bahn fährt ab

Ich laufe zum Gleis. ...

13 Meine Wörter

Welche Wörter sind für dich wichtig? Schreib fünf Wörter auf.

____

16 Finale

1 Wiederholungsspiel

Leg sehr viele Spielsteine auf den Tisch. Mach die Aufgaben auf den Feldern. Nimm für jede richtige Lösung einen Stein. Wie viele Spielsteine hast du am Ziel? Vergleicht in der Klasse.

START

1. Ergänze *gern* und *lieber*.
   Maria spielt ______ Klavier, aber ich spiele ______ Gitarre. Und was hörst du ______: Klavier oder Gitarre?

5. Mach Sätze.
   ich – um 7 Uhr – aufstehen
   Ich stehe ______
   ______
   du – das Zimmer – aufräumen
   ______
   ______

6. Ergänze *mein(e)* und *dein(e)*.
   - Ist das ______ Handy?
   - Nein, das ist nicht ______ Handy. Aber das ist ______ Tasche!
   - Hier, bitte schön.

7. Ergänze die richtige Form von *sein*.
   Ich bin 14 Jahre alt.
   Das ______ mein Freund.
   Das ______ keine Hefte.
   Wie alt ______ du?

8. *Ein*, *eine* oder *einen*?
   Wir haben ______ Hund.
   Ich will ______ Katze.
   Du kaufst ______ Buch.
   Er braucht ______ Hut.

13. Ergänze *müssen* oder *können*.
   - Kommst du mit? Wir wollen Fußball spielen.
   - Nein, ich ______ nicht. Ich ______ noch lernen.

14. Ergänze.
   ich – mich
   du – ______
   er – ______
   wir – ______
   sie – ______

15. Deine Freunde sind krank. Gib Tipps.
   Trinkt viel Tee!
   ______ im Bett!
   ______ zum Arzt!
   ______ eine Tablette!

Du hast 45–50 Steine. ☺☺
Du hast 35–44 Steine. ☺
Du hast 25–34 Steine. 😐
Du hast 0–24 Steine. ☹

2. Finde drei Körperteile mit *das*.
   1. das ________________
   2. das ________________
   3. das ________________

3. Ergänze *ihm*, *ihr*, *mir*, *dir*.
   Gib ______ den Stift! (Lukas)
   Hilf ______ bitte! (Katja)
   Gefällt ______ die Musik? (du)
   Tut ______ leid! (ich)

4. Wie heißt die Frage?
   ● Gehst du ________________?
   ○ Ja, ich gehe gern ins Kino.
   ● ________________?
   ○ Nein, ich komme nicht aus Frankreich.

9. *In*, *an* oder *nach*? Paul fliegt in den Ferien ______ die Türkei, ______ das Mittelmeer. Julia fährt ______ Österreich, ______ die Berge.

10. Ergänze das richtige Verb.
    Gestern hatte ich starke Kopfschmerzen. Ich ______ beim Arzt. Abends ______ ich Besuch. Peter ______ da.

12. Wie heißt der Plural?
    der Junge – die Jungen
    der Stift – die ________
    das Auto – die ________
    die Katze – die ________

11. Schreib die Zahlen.
    dreiundzwanzig ________
    zwölf ________
    fünfundvierzig ________
    einunddreißig ________

16. *Sein(e)* oder *ihr(e)*?
    Die Tasche gehört Meike. Das ist ________ Tasche. Der Fisch gehört Felix. Das ist ________ Fisch, aber das ist nicht ________ Katze.

ZIEL

2 Feste und Feiern in D-A-CH

a Hör die fünf Gespräche. Welches Gespräch passt zu welchem Bild? Nummeriere. Achtung: Ein Foto ist zu viel.

2.34

beim Karneval

Gespräch ______________

bei der Geburtstagsparty

Gespräch ______________

beim Nationalfeiertag

Gespräch ______________

beim Konzert

Gespräch ______________

an Weihnachten

Gespräch ______________

beim Kaffeetrinken zum Geburtstag

Gespräch ______________

b Welche Stadt ist das? Verbinde die Fotos und Städte.

1.

2.

pixelio

3.

4.

Hamburg

Berlin

Bern

München

c Was ist das? Ordne die Fotos den Wörtern zu.

A

B

C

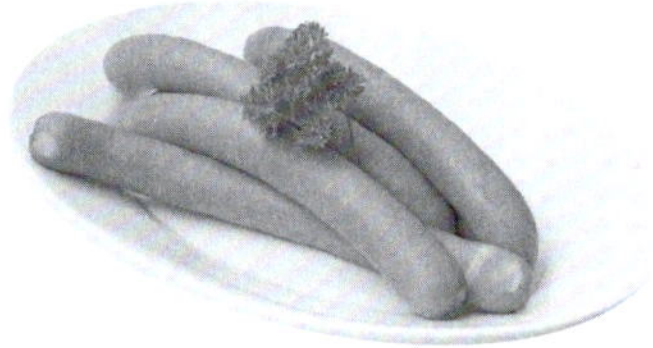

D

E

F

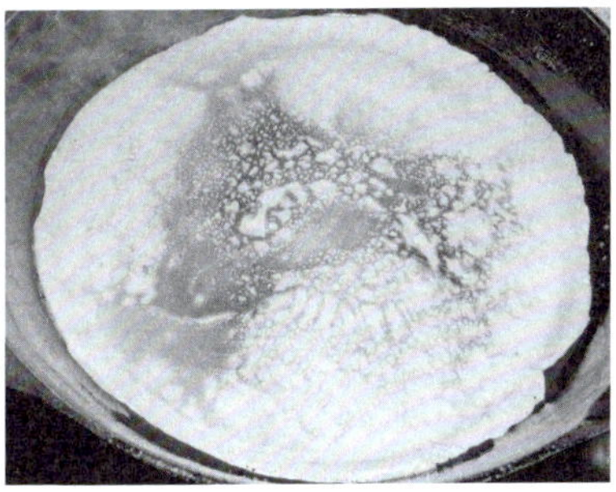

Würstchen: Foto C
Pfannkuchen: Foto ____
Schokolade: Foto ____
Sachertorte: Foto ____
Käsefondue: Foto ____
Mozartkugeln: Foto ____

d Das weißt du schon. Kreuze die richtige Antwort an.

1. Welche Stadt liegt nicht in Österreich?
   - [ ] Innsbruck
   - [x] Dresden
   - [ ] Salzburg

2. Was braucht man nicht für Pfannkuchen?
   - [ ] Zitronen
   - [ ] Eier
   - [ ] Mehl

3. Wo kann man Ski fahren?
   - [ ] in den Alpen
   - [ ] an der Nordsee
   - [ ] in Wien

4. In Hamburg sagt man:
   - [ ] Servus!
   - [ ] Grüß Gott!
   - [ ] Moin, Moin!

5. Was passt nicht zu Karneval?
   - [ ] Köln
   - [ ] Weihnachtsbaum
   - [ ] Kostüm

6. Welche Stadt liegt nicht im Süden?
   - [ ] Bern
   - [ ] Salzburg
   - [ ] Köln

3 Die Kurs-Abschlussparty

Wie findest du Logisch? Was war lustig? Wen magst du gern? …
Schreib Sätze. Der Kasten hilft.

Ich mag … gern.	Ich sage oft …
Sie/Er ist gut/süß/lustig/cool …	Ich mag Gruppenarbeit/Schreibaufgaben/
Sie/Er macht/sagt/spielt/ …	Geschichten/Gedichte/Tiere/Sport …
Das finde ich toll/super/blöd/ …	Mein/Meine Lieblings… ist …

a Wen magst du gern? Warum?

Ich mag … gern. Sie/Er ist …

b Was ist deine Lieblingsgeschichte mit Pia und ihren Freunden? Was passiert in der Geschichte?

Kapitel _______ Seite _______

c Welche ist deine Lieblings-Dora? Warum? Was sagt oder erklärt sie?

Kapitel _______ Seite _______

d Was ist dein *Logisch*-Lieblingswort? Wann und wie oft benutzt du dieses Wort?

e Was sagst du gern? Welche benutzt du oft?

Ach Quatsch!

Das verstehe ich nicht!

Du bist dran!

Tschüs!

Entschuldigung!

f Was ist dein Lieblingsprojekt aus Logisch!? Warum?

Zahlen in unserer Schule • Ein Poster von einer Fantasie-Person machen • Ein Quiz machen • Freunde-Buch • Traumtag / Horrortag • Unsere Schule vorstellen • Hobbys bei uns im Ort • Eine Austauschklasse suchen • …

g Was kannst du dir nicht merken?

h Weißt du das noch? Kreuze an und korrigiere dann die falschen Sätze.

	richtig	falsch
1. Pia schreibt in ihr Tagebuch. Sie ist traurig. Paul hat keine Zeit für sie. (Kap. 9)	☐	☒
2. Nadja isst gern gesund, aber Robbie isst lieber Hamburger. (Kap. 6)	☐	☐
3. Toshiba und Akimi kommen nicht aus Japan. (Kap. 3)	☐	☐
4. Nora und Martin besuchen Alex. Er ist krank. Er hat Fieber. (Kap. 14)	☐	☐
5. Auf dem Schulfest zaubert Paul eine Pizza. (Kap. 12)	☐	☐
6. Robbie und Nadja fahren im Sommer an die Nordsee. (Kap. 13)	☐	☐
7. Paul macht eine Party zu Hause. Die Freunde kommen zu spät. Der Fahrkartenautomat war kaputt. (Kap. 15)	☐	☐

1. Nadja hat keine Zeit für Pia.

1 Sprechen: Nachfragen

2.35 **a Sieh die Bilder an. Lies die Gespräche 1 bis 3 und ergänze sie. Hör zur Kontrolle.**

Wie heißt das auf Deutsch? • Das verstehe ich nicht. • Was heißt „platform" auf Deutsch?

1.
- ● Das Wetter ist scheußlich.
- ○ Äh? „Scheußlich"? ______________________
- ● Oh Entschuldigung, „scheußlich" heißt schlecht. Das Wetter ist schlecht. Es regnet.
- ○ Ah! Ich verstehe. Ja, das Wetter ist scheußlich.

2.
- ● ______________________ ______________________
- ○ Das heißt „Wörterbuch".
- ● Ah ja! Brauchst du mein Wörterbuch?
- ○ Ja, danke.
- ● Bitte.

3.
- ● ______________________ ______________________
- ○ Das heißt „Gleis".
- ● Danke.

2.36 **b Du hörst die Gespräche aus Übung 1a jetzt ohne die Nachfragen. Sprich die Nachfragen in die Pausen. Hör dann noch einmal und sprich die Nachfragen ohne Buch.**

c Schreib zwei Gespräche wie in 1a. Spiel sie mit einem Partner / einer Partnerin in der Klasse.

Das ist mein Onkel.

Äh? „Onkel"? Das verstehe ich nicht.

Mein Onkel ist der Bruder von meiner Mama.

2 Sprechen: Wörter erklären

a Was passt? Ordne zu.

1. gefallen	a Das bekommt man zum Geburtstag.
2. das Geschenk	b Ein Zahn tut weh.
3. das Internat	c Rot, Gelb, Grün …
4. heiß	d gut finden
5. die Zahnschmerzen	e Das ist eine Schule. Man wohnt auch dort.
6. aussteigen	f am Morgen essen
7. frühstücken	g sehr, sehr warm
8. die Farben	h rausgehen, zum Beispiel aus der S-Bahn

b Erkläre diese Wörter. Die angegebenen Wörter helfen.

1. die Ohrenschmerzen: Das heißt, die Ohren tun weh ______
   (Ohren – wehtun)
2. die Tante: Das ist ______
   (die Schwester – von meinem Vater, von meiner Mutter)
3. der Geburtstag: ______
   (Geschenke – Freunde – gratulieren)
4. die Küche: ______
   (Raum in einer Wohnung – kochen)
5. die Turnhalle: ______
   (Halle in der Schule – Sport machen)

c Such drei Wörter aus der Wortliste von Kapitel 15 und schreib Erklärungen. Erkläre die Wörter dann einem Partner / einer Partnerin. Versteht er/sie die Wörter?

3 Sprechen: Wörter mit einer Pantomime erklären

a Welche Wörter spielen die Personen? Schreib auf.

______ ______ ______

b Übe die Tätigkeiten im Kasten als Pantomime ein. Spielt dann zusammen in der Klasse: Einer zeigt eine Pantomime. Die anderen raten.

Gitarre spielen • Fahrrad fahren • tanzen • Eis essen • Tee trinken • duschen • klingeln • anrufen • eine Nachricht schreiben • Musik hören • traurig sein

Kapitel 1 Seite 8

hallo ______

heißen *(Ich heiße …)* ______

Guten Tag! ______

hören  ______

noch einmal ______

Gespräch, das  ______

und ______

mit|lesen *(Lest mit!)* ______

Herr *(Guten Tag, Herr Schulze.)* ______

Frau *(Guten Tag, Frau Huber.)* ______

herzlich willkommen! ______

mein, meine ______

der **Name**, -n Frau Huber ALEX ______

sein *(Ich bin Nora.)* ______

wer *(Wer bist du?)* ______

wie *(Wie heißt du?)* ______

sprechen  ______

der **Vorname**, -n Ina Huber ______

kennen ______

andere ______

deutsch ______

schreiben ______

an *(Schreibt an die Tafel.)* ______

die Tafel, -n 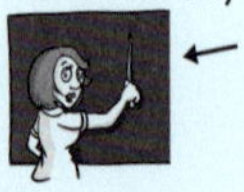 ______

Seite 9

lesen  ______

fragen …? ______

antworten  ______

die **Klasse**, -n ______

üben ______

Entschuldigung ______

die Deutschlehrerin, -nen ______

bitte ______

der **Familienname**, -n Ina Huber ______

das *(Das ist mein Freund.)* ______

die **Freundin**, -nen ______

der **Freund**, -e ______

Seite 10

Wie bitte? ______

passen ______

das Bild, -er  ______

Aua! ______

denn *(Wer ist denn das?)* ______

der **Hund**, -e  ______

buchstabieren *J-U-L-I-…* ______

man ______

das Alphabet, -e ______

A	B	C
a	b	c

auf *(Wie heißt Z auf Deutsch?)* ______

Deutsch (Sg.) ______

Seite 11

die **Zahl**, -en *20, 19, …* ______

von … bis ______

rufen (er ruft)  ______

die Telefonnummer, -n ______

nein ↔ **ja** ______

genau *(Ja, genau!)* ______

an|rufen *(Sie ruft an.)*  ______

Tschüs! ______

alt ______

das **Jahr**, -e 

______

dann ______

die **Frage**, -n *Lernst …?* ______

Seite 12

der Tag, -e ______

an|sehen ______

das **Kind**, -er  ______

Guten Morgen! ______

Auf Wiedersehen! ______

der Schatz *(Hallo, mein Schatz.)*

die Mama, -s ↔ der Papa, -s

Guten Abend!

Gute Nacht!

Kapitel 2 Seite 14

lernen

die **Schulsachen** (Pl.)

sagen

die Sache, -n

zu zweit *(sprecht zu zweit)*

der **Bleistift**, -e

die Brille, -n

das **Buch**, Bücher

die **CD**, -s

der **Computer**, –

das **Handy**, -s

das **Heft**, -e

der **Radiergummi**, -s

der **Rucksack**, Rucksäcke

das **Wort**, Wörter

zeigen

das **Foto**, -s

von *(das Buch von Pia)*

wem *(Von wem ist …?)*

glauben

Seite 15

typisch

Achtung!

wichtig

machen

die Tabelle, -n

die **Sprache**, -n

die **Lehrerin**, -nen

der **Schüler**, –

immer

spielen

zusammen

das Kärtchen, –

mischen

ziehen

Seite 16

nett finden

nicht

wissen *(Ich weiß nicht.)*

klar *(Na klar!)*

die Schultasche, -n

schwer

Englisch (Sg.)

haben

(ich habe, du hast, er hat)

mögen

(ich mag, du magst, er mag)

die **Musik** (Sg.)

die **Band**, -s

schon

laut *(laut lesen)*

Seite 17

was *(Was ist das?)*

die **Katze**, -n

der Schuh, -e

der Sportschuh, -e

cool

okay (o.k.)

Quatsch!

dran *(Du bist dran.)*

Seite 18

der Rap, -s

das **Beispiel**, -e

gehen

die **Schule**, -n

die **Stunde**, -n

der **Unterricht** (Sg.)

pro (*pro Woche*)

die Woche, -n

der **Lehrer**, –

die Person, -en

das **Poster**, –

Seite 19

möglichst

nennen

Kapitel 3 Seite 20

kommen (*aus*)

der **Kontinent**, -e

(Afrika, Amerika, Asien, Australien, Europa)

das **Land**, Länder

(Australien, Brasilien, Bulgarien, **Deutschland**, Finnland, Japan, Italien, Kenia, **Österreich**, Polen, Portugal, die **Schweiz**, Spanien, die Türkei, die Ukraine, die USA, …)

nach|sprechen

liegen (*Japan liegt in Asien.*)

sammeln

raten

Seite 21

woher (*Woher kommst du?*)

vor|lesen

die **Antwort**, -en

aus (*aus der Türkei*)

die **Uhr**, -en

die **Schokolade** (Sg.)

die Sachertorte, -en

Auto, das, -s

tauschen

alle

herumgehen

Seite 22

das Quiz, –

die Gruppe, -n

berühmt

die **Nummer**, -n

das **Fahrrad**, -räder

der **Fotoapparat**, -e

die Schere, -n

der **Fußball**, -bälle

der Tennisball, -bälle

die **Flasche**, -n

das **Glas**, Gläser

die **Pizza**, -s

der Tennisschuh, -e

der Fußballschuh, -e

sortieren

der Gegenstand, -stände

Seite 23

der **Flughafen**, -häfen

bedeuten

das Schild, -er

der Satz, Sätze

übrig (*Ein Satz bleibt übrig.*)

die **Tasche**, -n

drin sein (*Da ist ein Ball drin!*)

der Stift, -e

Seite 24

der Chat, -s

neu *(Bist du neu hier?)* ______
hier ______
richtig ↔ falsch ______
wohnen (in) ______
wo (Wo wohnst du?) ______
echt (Echt?!) ______
auch ______
die **Stadt**, Städte  ______
die **Adresse**, -n ______

Kapitel 4 Seite 26

früher ______
heute ______
zu|ordnen ______
das **Alter** (Sg.) ______
die **Sektretärin**, -nen ______
der **Arzt**, Ärzte  ______
die **Ärztin**, -nen  ______
die **Sportlerin**, -nen ______
kontrollieren ______
die Lösung, -en ______
die **Information**, -en ______
der **Beruf**, -e ______
(Er ist Arzt von Beruf.) ______

Seite 27

der Steckbrief, -e ______
ergänzen  ______
alles ______
nicht *(Ich heiße nicht Kai.)* ______
erfinden ______

Seite 28

die Aktivität, -en ______
die Freizeit (Sg.) ______
spielen *(Fußball spielen)* ______
singen  ______
fahren *(Fahrrad fahren)* ______
surfen *(im Internet surfen)*  ______
das **Internet** (Sg.)  ______

kochen  ______
die Gitarre, -n  ______
tanzen  ______
schwimmen  ______
können *(Ich kann singen.)* ______
zu|hören  ______

Seite 29

das Interview ______
verstehen ______
(Das verstehe ich nicht.) ______
verheiratet ______
beantworten ______
(Fragen beantworten)
entschuldigen ______
(Entschuldigen Sie bitte.)
gern *(Ja, gern!)* ______
danke ______
jeder, **jede** ______
der Partner, – ______
die Partnerin, -nen  ______
das **Blatt**, Blätter ______
(auf ein Blatt schreiben)

Seite 30

die **Straße**, -n ______
der Deutschunterricht ______
rappen  ______
geben ______
(Kannst du mir den Stift geben?)
der Text, -e  ______
das Lied, Lieder ______
der **Spaß** (Sg.) ______
(Wir haben Spaß.)

lustig
das Klassenzimmer, –
wiederholen
die **Hausaufgabe**, -n
die **Aufgabe**, -n
das Plakat, -e 

Kapitel 5 Seite 38

um … Uhr
der **Morgen**, –
der **Vormittag**, -e
der **Mittag**, -e
der **Nachmittag**, -e
der **Abend**, -e 
wann?
am (am Morgen)
machen *(Hausaufgaben machen)*
telefonieren 
frühstücken
Spaghetti (Pl.) 

Seite 39

spät
es *(Wie spät ist es? Es ist …)*
nach *(Es ist 20 nach 7.)*
vor *(Es ist 10 vor 8.)*
Viertel vor/nach
halb *(Es ist halb 8.)*
die Uhrzeit, -en 
zeichnen
unterschiedlich
klingeln
der Wecker, – 
duschen
das Skateboard, -s 
schlafen
notieren

Seite 40

die **Nachricht**, -en
die Mutter, Mütter
der Icon, -s
die **Suppe**, -n
das **Klavier**, -e
der **Kindergarten**, -gärten
ab|holen
der **Supermarkt**, -märkte
ein|kaufen 
die **Oma**, -s
auf|stehen
stimmen *(Das stimmt!)*
erzählen
suchen *(Sucht die Fehler!)*
der **Fehler**, –
zuerst
danach
die **Zeit** (Sg.) *(Pia hat keine Zeit.)*

Seite 41

wählen *(Wählt fünf Verben.)*
der Akzent, -e
die Silbe, -n Nach richt
die **Karte**, -en *(Karten spielen)*
die Tageszeit, -en 
vor|stellen
(Stellt euren Partner vor.)

Seite 42

die **Minute**, -n
zählen (= *wichtig sein*)
der Kasten, Kästen
offiziell
inoffiziell

gleich
(Welche Uhrzeiten sind gleich?)
kontrollieren
wunderbar
die Party, -s
super
der Traumtag, -e
der Horrortag, -e

Kapitel 6 Seite 44

das Lieblingsfach, -fächer
der **Wochentag**, -e

Montag, **Dienstag**,
Mittwoch, **Donnerstag**,
Freitag, **Samstag**, **Sonntag**
mehrmals ↔ einmal
frei
müssen
(Ich muss spazieren gehen.)
möcht- *(Pia möchte Paul sehen.)*
spazieren gehen

sehen
leider
aus|haben
früher → **früh**
(Pia hat heute früher aus.)
schon wieder
raus *(Ich muss raus!)*
nach Hause
(nach Hause kommen)
aus sein
nur
dabei sein *(Ich bin nicht dabei.)*
das **Wochenende**, -n

Seite 45

der Stundenplan, -pläne
das **Schulfach**, -fächer
(Biologie, Chemie, Deutsch,
Englisch, Ethik/Religion,
Französisch, Geografie,
Geschichte, Informatik,
Kunst, Latein, Musik,
Mathematik/„Mathe“,
Physik, Sport)
übersetzen

doof
das **Fach**, Fächer
interessant
leicht
schön
langweilig
blöd
die Umfrage, -n

Seite 46

die AG (= Arbeitsgruppe)
finden

die Kamera
der Star, -s
jung
das Talent, -e
mit|machen
der Raum, Räume
gesund
essen *(Du isst gern gesund?)*
die Kantine, -n

der Zirkus, Zirkusse

sportlich
der Akrobat, -en

der Clown, -s
die Sporthalle, -n
die **Lust** (Sg.)

(Hast du Lust auf Mathe?)

die Bewegung, -en

Volleyball (Sg.)

laufen *(Paul läuft gern.)*

das Einrad, -räder

der **Film**, -e

treffen *(Ich treffe gern Freunde.)*

Seite 47

die Geschichte, -n

(die Geschichte von Nadia)

der Hamburger, –

mit | kommen

nie *(Du hast nie Zeit!)*

lang ↔ **kurz**

Seite 48

klein

nett

der Sportplatz, -plätze

der Hausmeister, –

präsentieren

der **Besuch**, -e

(Besuch bekommen)

lecker *(Das Essen ist lecker.)*

Kapitel 7 Seite 50

waschen *(Er wäscht das Auto.)*

trainieren

die Alpen (Pl.)

wandern

das **Kino**, -s

fern | sehen

wollen *(Paul will fernsehen.)*

Seite 51

das **Schwimmbad**, -bäder

die Lücke, -n

(Ergänzt die Lücken!)

ganz *(den ganzen Tag)*

das **Zimmer**, –

auf | räumen

die **Übung**, -en

fertig *(Ich bin fertig!)*

die Liebe (Sg.)

das Gedicht, -e

weiterschreiben

das **Eis**, –

Seite 52

das Konzert, -e

an | fangen

(Wann fängt das Konzert an?)

die Verabredung, -en

die **Disco**, -s

vielleicht

Das geht nicht!

schade

leid | tun *(Tut mir leid!)*

Tennis (Sg.) *(Tennis spielen)*

reparieren

herum | gehen

Seite 53

das **Hobby**, -s

die Pantomime, -n

reiten

besuchen

das **Flugzeug**, -e

basteln

das Computerspiel, -e

das Schulcafé, -s

der Aufkleber, –

die Statistik, -en

der Ort, -e

Handball (Sg.)

der **Junge**, -n

das **Mädchen**, -n
das Theater, –
der **Kakao** (Sg.)
der **Tee** (Sg.)
der Schokoladenkuchen, –

Seite 54

beeilen *(Beeil dich!)*
los|fahren
warm

sofort
notieren
der Notizzettel, –
auf|machen

das **Fenster**, –
freundlich
klingen *(Wie klingt das?)*
achten (auf)
(Achtet auf die Melodie.)

Kapitel 8 Seite 56

International

das **Chinesisch** (Sg.)
das **Türkisch** (Sg.)
das **Italienisch** (Sg.)
das **Suaheli** (Sg.)
das **Polnisch** (Sg.)
das **Spanisch** (Sg.)
das **Portugiesisch** (Sg.)
das **Russisch** (Sg.)
Frankreich
Spanien
Russland

Seite 57

der **Jugendliche**, -n
die Muttersprache, -n
geboren
deshalb

Seite 58

das Abenteuer, –
der Schulweg, -e
die **Mongolei**
der Kanton, -e
der **Bus**, -se

der **Kilometer**, –

die **Minute**, -n
der Berg, -e
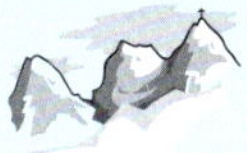
brauchen
(Ich brauche nur acht Minuten.)
zumindest
der Schnee (Sg.)
wahnsinnig
schnell
der Rückweg, -e
der Schlitten, –
das **Pferd**, -e

die **U-Bahn**, -en
das **Schiff**, -e

der **Zug**, Züge
das Verkehrsmittel,
ohne

der **Fuß**, Füße
zu Fuß *(Ich gehe zu Fuß.)*
dauern
(Das dauert eine Stunde.)

Seite 59

das **Auge**, -n

der **Kopf**, Köpfe
bestimmt
der **Brief**, -e

der Punkt, -e

zeigen

Seite 60

der Austausch (Sg.)

das **Mal**, -e *(zum ersten Mal)*

gehen *(Wie geht es dir?)*

der Wohnort, -e

gesucht *(Austausch-Klasse gesucht!)*

wie *(Er ist so alt wie ich.)*

alle *(alle zwei Wochen)*

Kapitel 9 Seite 68

die Reihenfolge (Sg.)

bisschen *(Mir ist ein bisschen langweilig.)*

süß

so *(Robbie ist so süß!)*

Macht nichts!

mal *(Hör mal!)*

der Song, -s

die Schulband, -s

der Sänger, –

die SMS, –

weg *(Ich muss weg.)*

Seite 69

das Tagebuch, -bücher

traurig

verliebt

aber

manchmal

einfach *(Wir passen einfach nicht zusammen!)*

der **Park**, -s

außerdem

total

glücklich

niemand

lieben

die Liste, -n

das **Theater**, –

das Handy-Spiel, -e

skypen

chillen

der Fragebogen, -bögen

der Mitschüler, –

Seite 70

romantisch

dumm

die **Frau**, -en

der **Baum**, Bäume

der Hof, Höfe

dort

die **Leute** (Pl.)

allein *(Niemand ist allein.)*

die **Blume**, -n

der **Mann**, Männer

das **Baby**, -s

die Strophe, -n

die **Familie**, -n

die Schulklasse, -n

Seite 71

komisch

das Motorrad, -räder

der Knochen, –

die Sekunde, -n

merken *(Merkt euch das Wort.)*

schließen *(Schließt das Buch.)*

öffnen

das Team, -s

Seite 72

der **Anfang**, Anfänge

die Mitte (Sg.)

das **Ende**, -n

kaufen

hinten

der Fan, -s

das Forum, Foren

die Serie, -n

ohne

(Ohne Musik kann ich nicht leben.)

der Kopfhörer, –

das **Ohr**, -en 

leben

das **Leben**, –

Lieblings-...

(der Lieblingssänger,

die Lieblingsgruppe, ...)

unter

Kapitel 10 Seite 74

der **Geburtstag**, -e

feiern

das Geburtstagskind, -er

das **Geschenk**, -e 

bekommen

(Geschenke bekommen)

der **Kuchen** – 

trinken

der **Kaffee** (Sg.)

der Schulfreund, -e

gratulieren

(zum Geburtstag gratulieren)

das Geburtstagslied, -er

ein|laden *(Sie lädt alle ein.)*

Seite 75

Alles Gute!

der Eintrag, Einträge

lieb *(liebe Sophie, lieber Kai)*

Herzlichen Glückwunsch!

das **Glück** (Sg.) *(Viel Glück!)*

danken *(Ich danke euch.)*

Feier schön!

mit|bringen

der **Hunger** (Sg.)

(Ich habe Hunger.)

der Ausdruck, Ausdrücke

der **Winter**, – 

der **Frühling**, -e

der **Sommer**, –

der **Herbst**, -e

der Geburtstagskalender, –

der **Monat**, -e

(der **Januar**, der **Februar**,

der **März**, der **April**,

der **Mai**, der **Juni**,

der **Juli**, der **August**,

der **September**, der **Oktober**,

der **November**, der **Dezember**)

Seite 76

der Segen, –

die Gesundheit (Sg.)

der Frohsinn (Sg.)

die Überraschung, -en

die **Idee**, -n *(eine Idee haben)*

schenken

wünschen

(Ich wünsche mir ein Buch.)

lieber
(Ich will lieber einen Ball.)

Seite 77

die Bude, -n
der **Onkel**, –
die **Tante**, -n
der Verwandte, -en
wahr *(Das ist wahr!)*
der Witz, -e
frisch
der **Fisch**, -e 
der **Bruder**, Brüder
die **Schwester**, -n
kriegen *(Ich kriege ein Pferd!)*
der Scherz, -e
(Das ist kein Scherz!)
die **Großeltern** (Pl.) 
die **Eltern** (Pl.)

Seite 78

das Haustier, -e
der Papagei, -en
der Hamster, – 
fliegen
fressen *(Er frisst Gras.)*
bellen
das Gras (Sg.)
die Million, -en **1.000.000**
über *(über 5 Millionen)*
besonders
beliebt
der Vogel, Vögel
braun 
der **Salat**, -e 
das **Fleisch** (Sg.)

Kapitel 11 Seite 80

der Buchladen, -läden
der **Markt**, Märkte
die Bäckerei, -en
das **Geschäft**, -e
die **Milch** (Sg.)
die **Banane**, -n 

der Apfelkuchen, –
das **Brötchen**, – 
die **DVD**, -s
das **Brot**, -e 
das **Ei**, -er 
die **Kartoffel**, -n 
das **Wörterbuch**, -bücher
ähnlich

Seite 81

das Taschengeld (Sg.)
der **Euro** (Sg.)
kosten
wie viel, **wie viele**
teuer ↔ **billig** 

der Preis, -e
aber *(Das ist aber teuer!)*
helfen *(Können Sie mir helfen?)*
der Moment, -e *(Moment!)*
Danke schön!
der **Cent** (Sg.)
nehmen *(Ich nehme die DVD.)*
die Kasse, -n
bezahlen 

Seite 82

die Cola (Sg.) 

die **Tasse**, -n 
das **Mineralwasser** (Sg.)

der Tomatensaft (Sg.)

die Gemüsesuppe, -n

der **Durst** (Sg.) *(Ich habe Durst.)*

Guten Appetit!

nicht/kein … **mehr**

(Ich habe keinen Hunger mehr.)

das **Stück**, -e *(vier Stück Pizza)*

genug

die **Wurst**, Würste 

das **Wasser** (Sg.)

das Gericht, -e

(das Lieblingsgericht)

die Pommes (Pl.)

der Ketchup (Sg.)

schmecken *(Mir schmeckt …)*

Igitt!

Seite 83

das Rezept, -e

der Pfannkuchen, –

salzig

sauer

der **Liter**, –

das **Gramm**, –

das **Kilogramm**, –

die **Marmelade** (Sg.)

das Mehl (Sg.)

der Zucker (Sg.)

das Salz (Sg.)

die Zitrone, -n

das Schokoladeneis (Sg.)

der Obstsalat, -e

die Tomate, -n 

der **Käse** (Sg.) 

die Orange, -n 

der Orangensaft (Sg.)

die Einkaufsliste, -n

der **Apfel**, Äpfel 

der Mund, Münder 

die Pizzeria, -s

die Butter (Sg.)

das **Gemüse** (Sg.)

Seite 84

Bitte schön!

zahlen *(Ich will zahlen.)*

machen *(Das macht … Euro.)*

Kapitel 12 Seite 86

zaubern 

der Videoclip, -s

die Turnhalle, -n

die Dekoration, -en

organisieren

dekorieren 

das Papier, -e

die **Farbe**, -n

Seite 87

der Stress (Sg.)

die Leiter, -n

sauer *(Kolja ist sauer.)*

auf|hängen

gefallen *(Gefällt dir das Plakat?)*

hübsch

der Sound-Check, -s

die Geste, -n

Seite 88

an|ziehen

die Sprechblase, -n 

der Style, -s

modisch

die Kleidung (Sg.) 

das **Kleid**, -er

der **Pullover**, –

der **Mantel**, Mäntel

der Hut, Hüte

die **Jeans**, –

das Sweatshirt, -s

bequem

die **Bluse**, -n

das Shopping

(zum Shopping gehen)

probieren

die Hose, -n

die **Jacke**, -n

das Schulfest, -e

das T-Shirt, -s

das Kapuzen-Sweatshirt, -s

das Kleidungsstück, -e

schwarz, **grau**

blau, **grün**

weiß, **rot**

gelb

Seite 89

bloß *(Was ziehe ich bloß an?)*

beginnen

gleich *(Das Fest beginnt gleich!)*

dazu *(Was passt dazu?)*

tragen *(Er trägt ein T-Shirt.)*

Seite 90

spitze *(Robbie ist spitze!)*

der Schulhof, -höfe

der Pizzastand, -stände

das Happy End, -s

Kapitel 13 Seite 98

die **Ferien**, (Pl.)

überlegen

das Urlaubsfoto, -s

der **Urlaub**, -e

das **Meer**, -e

der Berg, -e

der Bodensee (Sg.)

die Nordsee (Sg.)

Seite 99

der Neusiedler See (Sg.)

campen

Balkonien

zu Hause *(Ich bleibe zu Hause.)*

die **Reise** *(eine Reise machen)*

Griechenland

das Mittelmeer (Sg.)

die Fahrradtour, -en

Traum- … *(der Traumurlaub)*

das Magazin, -e

Seite 100

der Ferientag, -e

der Stadtplan, -pläne

das Picknick, -s

(ein Picknick machen)

das Eiscafé, -s

der **Wald**, Wälder

der **See**, -n

der Plan, Pläne

der **Bahnhof**, -höfe

geradeaus

links ↔ **rechts**

Seite 101

der **Gruß**, Grüße

(Herzliche Grüße)

der Tipp, -s

recht haben *(Er hat recht.)*

wirklich

gemütlich

das Käsefondue, -s

heiß 

fast
gechillt
voll
das Wetter (Sg.)
prima
der Campingplatz, -plätze
lachen
das **Gepäck** (Sg.)
die Badehose, -n
bald *(Bis bald!)*
schlecht *(Es geht mir schlecht.)*
regnen *(Es regnet.)* 
kalt
die Sonne, -n 
scheinen *(Die Sonne scheint.)*
gar *(gar nicht)*

Seite 102

der Pool, -s
das Ferienende (Sg.)
unromantisch 
der **Regen** (Sg.)
der Spielplatz, -plätze

Kapitel 14 Seite 104

Gute Besserung!
der **Schmerz**, -en
(Schmerzen haben)
fehlen *(Was fehlt dir?)*
weh|tun *(Mein Hals tut weh.)* 
Bauchschmerzen (Pl.)
das **Krankenhaus**, -häuser
das **Haar**, -e  
die Nase, -n
der **Zahn**, Zähne
der **Hals**, Hälse
der **Bauch**, Bäuche 
das Bein, -e
der **Arm**, -e
die Hand, Hände 
der Finger, –
schwierig
das Frühstücksbrötchen, –
die Deutscharbeit, -en
der Kugelschreiber, – 

Seite 105

Aua! 
schlecht *(Mir ist schlecht.)*
der Zahnschmerz, -en (Pl.)
los *(Was ist los?)*
hoffentlich
die Krankheit, -en

Seite 106

das Fieber (Sg.)
die Klassenarbeit, -en
die **Angst**, Ängste
(Angst bekommen)
das **Bett**, -en *(ins Bett gehen)* 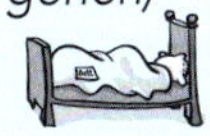
die Tablette, -n
die **Arbeit** (Sg.)
(zur Arbeit gehen)
der **Comic**, -s

Seite 107

krank 
das **Paket**, -e
verrückt
werden *(Er wird verrückt.)*
besser *(Mir geht es besser.)*

Seite 108

die Bewegung (

gesund

die Sportart, -en

surfen

sich bewegen

der Müll (Sg.)

raus|bringen

die Treppe, -n

auf|schreiben

der Experte, -n

der Schultag, -e

Kapitel 15 Seite 110

die **Lampe**, -n

das Regal, -e

der Stuhl, Stühle

die **Tür**, Türen

der **Tisch**, -e

beide *(in beiden Zimmern)*

der Schrank, Schränke

Seite 111

die **Wohnung**, -en

putzen *(Zähne putzen)*

sitzen *(in der Sonne sitzen)*

der Flur, Flure

der **Garten**, Gärten

die **Küche**, -n

das Schlafzimmer, –

die **Toilette**, -n

das **Wohnzimmer**, –

Seite 112

die **Einladung**, -en

der Gast, Gäste

ein|laden *(Er lädt alle ein.)*

die Altstadt, Altstädte

der/das/die **Beste**, -n

das Zelt, -e

der Schlafsack, -säcke

hoffen

Bescheid sagen

die S-Bahn, -en

raus|gehen

die Richtung, -en

der **Flughafen**, -häfen

natürlich

(Ich komme natürlich zur Party!)

zu|sagen

ab|sagen

Seite 113

die Fahrt, -en

das **Gleis**, -e

ab|fahren

(Die S-Bahn fährt ab.)

warten

pünktlich

die **Fahrkarte**, -en

ein|steigen

an|kommen

aus|steigen

Seite 114

das Internat, -e

die Nähe *(in der Nähe)*

vermissen

der Erzieher, –

sich wohl|fühlen

zweite

die Bank, Bänke

die Weide, -n

Kapitel 16 Seite 116

die Wiederholung (Sg.) ____________

gewinnen  ____________

die Spielfigur, -en  ____________

Seite 117

das Feld, -er ____________

lösen *(Aufgaben lösen)* ____________

dran|kommen ____________

die Reihe, -n ____________

unentschieden ____________

Seite 118

Weihnachten (Sg.) ____________

der Nationalfeiertag, -e ____________

der **Karneval** (Sg.) ____________

der Fasching (Sg.) ____________

Ostern ____________

Silvester ____________

Seite 119

Frohe Ostern! ____________

Frohes Fest! ____________

Prost Neujahr! ____________

frei ____________

frei haben ____________

das Kostüm, -e ____________

der Clown, -s ____________

der Indianer, – ____________

gut drauf sein ____________

kapieren ____________

der Namenstag, -e ____________

online sein ____________

morgen ____________

der Bundestag *(in der Schweiz)* ____________

die Fahne, -n ____________

das Land (Sg.) *(aufs Land fahren)* ____________

das Alphorn, -hörner ____________

die Region, en ____________

der Mensch, -en ____________

Seite 120

die Abschlussparty, -s ____________

der Luftballon, -s ____________

der Tanz, Tänze ____________

laufen (Musik läuft) ____________

zwischen ____________

das Paar, -e ____________

halten *(Er hält den Luftballon.)* ____________

am längsten ____________

packen ____________

der Koffer, – ____________

Seite 121

das Ding, -e ____________

der/die/das Letzte, -n ____________

aus|probieren ____________

Thematische Wortgruppen

Zahlen

1	eins
2	zwei
3	drei
4	vier
5	fünf
6	sechs
7	sieben
8	acht
9	neun
10	zehn
11	elf
12	zwölf
13	dreizehn
14	vierzehn
15	fünfzehn
16	sechzehn
17	siebzehn
18	achtzehn
19	neunzehn
20	zwanzig
21	einundzwanzig
22	zweiundzwanzig
30	dreißig
40	vierzig
50	fünfzig
60	sechzig
70	siebzig
80	achtzig
90	neunzig
100	hundert
101	(ein)hunderteins
200	zweihundert
1000	(ein)tausend
2001	zweitausendeins
1 000 000	eine Million

Monatsnamen

der Januar
der Februar
der März
der April
der Mai
der Juni
der Juli
der August
der September
der Oktober
der November
der Dezember

Jahreszeiten

der Frühling
der Sommer
der Herbst
der Winter

Wochentage

der Montag
der Dienstag
der Mittwoch
der Donnerstag
der Freitag
der Samstag
der Sonntag

Tageszeiten

der Morgen
der Vormittag
der Mittag
der Nachmittag
der Abend
die Nacht

Zeitangaben

die Minute
die Stunde
der Tag
die Woche
der Monat
das Jahr

Uhrzeit

... Uhr
halb ...
Viertel nach …
Viertel vor …
um …

Maße und Gewichte

m = der Meter
km = der Kilometer
l = der Liter
g = das Gramm
kg = das Kilogramm

Länder

Brasilien
China
Dänemark
Deutschland
England
Finnland
Frankreich
Griechenland
Italien
Japan
Kanada
Kenia
die Mongolei
Österreich
Polen
Portugal
Russland
Schweden
die Schweiz
Spanien
die Türkei
die Ukraine
die USA

Sprachen
Chinesisch
Deutsch
Englisch
Französisch
Griechisch
Italienisch
Japanisch
Polnisch
Portugiesisch
Russisch
Spanisch
Suhaeli
Türkisch

Städte
Athen
Barcelona
Basel
Berlin
Bern
Hamburg
Innsbruck
Istanbul
Köln
Leipzig
Madrid
New York
Rom
Salzburg
Venedig
Wien
Zürich

Kontinente
Afrika
Amerika
Asien
Australien
Europa

Familie
der/die Verwandte
der Vater / der Papa
die Mutter / die Mama
die Eltern *(Pl.)*
das Kind
der Sohn
die Tochter
der Bruder
die Schwester
die Geschwister *(Pl.)*
der Onkel
die Tante
der Großvater / der Opa
die Großmutter / die Oma
die Großeltern *(Pl.)*

Farben
blau
braun
gelb
grau
grün
rot
schwarz
weiß

Schulfächer
Biologie (Bio)
Chemie
Deutsch
Englisch
Ethik
Geografie (Geo)
Informatik
Kunst
Latein
Mathematik (Mathe)
Musik
Physik
Religion (Reli)
Sport

Tiere
der Fisch
der Hamster
der Hund
die Katze
die Krabbe
der Labrador
der Papagei
das Pferd
der Vogel

Berufe
der Arzt / die Ärztin
der Erzieher / die Erzieherin
der Hausmeister /
die Hausmeisterin
der Lehrer / die Lehrerin
der Sänger / die Sängerin
der Sekretär / die Sekretärin
der Sportler / die Sportlerin

Unregelmäßige und trennbare Verben

abbiegen	*er biegt ab*
abfahren	*er fährt ab*
abholen	*er holt ab*
absagen	*er sagt ab*
anfangen	*er fängt an*
ankommen	*er kommt an*
anrufen	*er ruft an*
ansehen	*er sieht an*
anziehen	*er zieht an*
aufhängen	*er hängt auf*
aufmachen	*er macht auf*
aufpassen	*er passt auf*
aufräumen	*er räumt auf*
aufschreiben	*er schreibt auf*
aufstehen	*er steht auf*
aufwachen	*er wacht auf*
aus sein	*er ist aus*
aushaben	*er hat aus*
ausprobieren	*er probiert aus*
aussteigen	*er steigt aus*
da sein	*er ist da*
dabei sein	*er ist dabei*
draufkommen	*er kommt drauf*
dürfen	*er darf*
einkaufen	*er kauft ein*
einladen	*er lädt ein*
einsteigen	*er steigt ein*
essen	*er isst*
fahren	*er fährt*
fernsehen	*er sieht fern*
freihaben	*er hat frei*
fressen	*er frisst*
geben	*er gibt*
gefallen	*er gefällt*
gernhaben	*er hat gern*
haben	*er hat*
halten	*er hält*
helfen	*er hilft*
herumgehen	*er geht herum*
können	*er kann*
laufen	*er läuft*
leidtun	*es tut leid*
lesen	*er liest*
losfahren	*er fährt los*
mitbringen	*er bringt mit*
mitkommen	*er kommt mit*
mitlesen	*er liest mit*
mitmachen	*er macht mit*
mitnehmen	*er nimmt mit*
möcht–	*er möchte*
mögen	*er mag*
müssen	*er muss*
nachsprechen	*er spricht nach*
nehmen	*er nimmt*
raten	*er rät*
raus sein	*er ist raus*
rausbringen	*er bringt raus*
rausgehen	*er geht raus*
recht haben	*er hat recht*
schlafen	*er schläft*
sehen	*er sieht*
sprechen	*er spricht*
tragen	*er trägt*
treffen	*er trifft*
umsteigen	*er steigt um*
vergessen	*er vergisst*
vorlesen	*er liest vor*
vorspielen	*er spielt vor*
waschen	*er wäscht*
wegfahren	*er fährt weg*
weggehen	*er geht weg*
wehtun	*er tut weh*
weitermachen	*er macht weiter*
werden	*er wird*
wissen	*er weiß*
wollen	*er will*
zuhören	*er hört zu*
zusagen	*er sagt zu*
zusammenpassen	*es passt zusammen*

Deutsch im Unterricht

Hör …

Lies …

Schreib … / Notiere …

… im/ins Heft.

… an der/die Tafel.

A	B	C
a	b	c

… in der/die Tabelle.

Sprecht …

… zu zweit

… in Gruppen

… in der Klasse

Ergänze …

Kreuze an.

Unterstreiche.

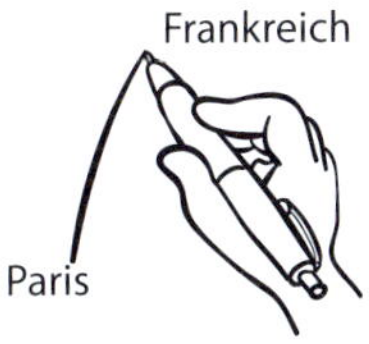

Verbinde.

Ordne zu.

Mal an.

Der Kasten hilft.

Quellenverzeichnis

S. 4	Meike Birck
S. 5	alle Fotos: Meike Birck
S. 8	Fotos: Meike Birck
S. 10	1–4: Dieter Mayr; 5: BigLike Images– shutterstock.com
S. 16	1 Utekhina Anna – shutterstock.com, 2 Colonel – iStockphoto, 3 Steiner Wolfgang – shutterstock.com, 4 TYROstar mit freundlicher Genehmigung, 5 BigLike Images – imago stock, 6 defpicture – shuttersatock.com
S. 17	1 EvrenKalinbacak – shutterstock.com, 2 Wellford Tiller – shutterstock.com, 3 Michael Pettigrew – shutterstock.com, 4 elementals – shutterstock.com, 5 R. Carner – shutterstock.com
S. 19	1 Michael Pettigrew – shutterstock.com, 2 cobalt88 – shutterstock.com, 3 bergamont – shutterstock.com, 4 imago stock, 5 defpicture – shutterstock.com
S. 20	Dieter Mayr
S. 21	oben: Langenscheidt Archiv; unten: Meike Birck
S. 23	wavebreakmedia – shutterstock.com
S. 24	Fotos: Meike Birck
S. 29	shutterstock.com
S. 31	alle Fotos: Dieter Mayr
S. 34	links: Sean Nel – shutterstock.com, rechts: PhotoCreate – shutterstock.com
S. 35	Dieter Mayr
S. 36	Meike Birck
S. 43	Andrey Armyagov – shutterstock.com
S. 46	Claudia Dewald – iStockphoto
S. 47	1 cobalt88 – shutterstock.com, 2 Minerva Studio – shutterstock.com, 3 Artur Ish – shutterstock.com, 4 kak2s – shutterstock.com, 5 irin-k – shutterstock.com, 6 Konstantin Tronin – shutterstock.com
S. 50	Flugzeug: Andrii Gorulko – shutterstock.com, Bus: Route55 – shutterstock.com, Skateboard: nito – shutterstock.com
S. 53	1 Alma_sacra – Fotolia.com, 2 YuryZap – shutterstock.com, 3 Oleksiy Mark – shutterstock.com, 4 Karin Schumann – pixelio, 5 Fotolia.com, 6 Route55 – shutterstock.com
S. 56	Dieter Mayr
S. 62	alle Fotos: Dieter Mayr
S. 66	1 Eric Isselee – shutterstock, 2 Alexruss – shutterstock.com
S. 68	2 falkovsky – shutterstock.com, 3 Tobik – shutterstock.com, 4 Schöning – imago stock, 5 Niehoff – imago stock, 6 All Canada Photos – imago stock
S. 69	PONS GmbH
S. 71	alle Fotos: Sabine Reiter
S. 76	A Angela Kilimann, B Westend61 – imago stock, C Rose Hayes – shutterstock.com, D ruzanna – shutterstock.com
S. 78	li.: Kues – shutterstock.com, re.: Alexander Raths – shutterstock.com
S. 80/81	Cordula Schurig
S. 88	1 SvetlanaFedoseyeva – shutterstock.com, 2 Fotokostic – shutterstock.com, 3 Jacob Lund – shutterstock.com
S. 95	1 Vladimir Daragan – shutterstock.com, 2 Johanna Goddyear – shutterstockcom, 3 Scott Latham – shutterstock.com, 4 Sabine Reiter
S. 100	Helen Schmitz
S. 102	A Heinz Waldukat – Fotolia.com, B DWP – Fotolia.com, C Kzenon – shutterstock.com, D Ricardo Reitmeyer – shutterstock.com, E Geisser – imago stock, F Dieter Mayr 1. dpa / picture alliance, 2. pixelio, 3. Land Berlin / Thie, 4. Fotolia.com – Schlierner
S. 103	A © Lindt & Sprüngli Deutschland, B Paul-Georg Meister – pixelio, C Yamix – Fotolia.com, D Steiner Wolfgang – shutterstock.com, E Ursula Alter – iStockphoto, F M. Gade – pixelio